AI 시대 미래 인재 교육

인공지능총서

인공지능 시대입니다. 기계가 인간의 인지를 대신하고, 사물이 인간을 통하지 않고 다른 사물과 직접 커뮤니케이션합니다. 이에 따른 인간 삶과 문명 변화를 정확히 이해·예측·대응하는 것은 이 시대 우리 모두의 과제입니다. 인공지능총서는 인공지능 기술과 환경의 여러 주제를 10가지 키워드로 정리합니다. 관련 개념과 이론, 학계와 산업계의 쟁점, 우리 일상의 변화를 다룹니다. 인간과 기술의 현재, 미래를 세심히 분석합니다.

일러두기

- 인명, 작품명, 저서명, 개념어 등은 한글과 함께 괄호 안에 해당 국가의 원어를 병기했습니다.
- 외래어 표기는 현행 어문규정의 외래어표기법을 따랐습니다.
- 이 책은 인공지능 박사이자 아버지인 백남정 교수와, 대안학교를 통해 성장한 아들 백동재가 함께 집필한 실천형 교육 안내서입니다. 실제 경험에 기반한 진로 설계 노하우와 AI 학습법이 담겨 있습니다.
- 맥락에 따라 부모 입장에서 쓴 글인지, 자녀 입장에서 쓴 글인지 이해할 수 있어 두 저자의 글을 별도 구분하지 않았습니다.
- 이 책의 7장은 백남정 저자의 아내이자 백동재 저자의 어머니가 집필한 내용입니다.

처음이세요?

전문가세요?

AI 시대 미래 인재 교육

백남정 · 백동재

대한민국, 서울, 커뮤니케이션북스, 2025

AI 시대 미래 인재 교육

지은이 백남정 · 백동재
펴낸이 박영률

초판 1쇄 펴낸날 2025년 6월 5일

커뮤니케이션북스(주)
출판 등록 2007년 8월 17일 제313-2007-000166호
02880 서울시 성북구 성북로 5-11
전화(02) 7474 001, 팩스(02) 736 5047
commbooks@commbooks.com
www.commbooks.com

ISBN 979-11-430-0170-2 03500

책값은 뒤표지에 표시되어 있습니다.

차례

2050년, 우리 아이의 모습을 그리며

국영수를 열심히 공부해서 좋은 등급을 받아 좋은 대학에 가는 것이 과연 큰 의미가 있을까? 2050년에도 살아남을 미래 인재를 키우기 위해서 부모는 어떤 노력을 하고 아이의 앞날을 준비해 주어야 할까?

이 책은 AI 전문가인 공학박사 아빠와 대안학교를 다니며 코딩 홈스쿨링을 받은 아들이 함께 쓴, 미래를 준비하는 우리 아이들을 위한 미래 교육 안내서다.

가정에서의 AI 기초 체력 기르기, 기본기 기르기 교육을 통해 아이가 기존 교육 시스템에서 벗어나 새로운 길을 모색하는 과정을 솔직하게 담았다.

또한 AI 시대에 필요한 국어와 영어 역량을 키우는 방법, 코딩 홈스쿨링 방법, 우리 아이 라이프 사이클에 따른 AI 교육 로드맵, 그리고 부모로서 겪은 고민과 성장 과정을 공유하며, 미래 사회에서 우리 아이들이 어떻게 살아남을 수 있을지에 대한 통찰을 제공하고자 한다.

우리 가족의 경험은 단순한 개인사를 넘어, 급변하는 사회에서 교육의 의미와 방향성에 대해 생각해 볼 함의를 준다고 생각한다. 대안교육을 선택하게 된 과정, 그리고 AI 교육을 통해 미래를 준비하는 우리 가족의 여정을 통해 독자들에게 새로운 시각을 제시하고자 노력했다.

이 책에서는 전통적인 교육 방식의 한계를 넘어, 아이 개개인의 잠재력을 최대한 끌어올리는 방법에 대해 이야기하고자 한다. 남들과 조금 다른 길을 걷고 있는 아이를 양육하고 있는 어떤 가족의 이야기를 통해 여러분이 새로운 길에 대한 의외의 인사이트와 힌트를 얻었으면 하는 바람이다. 때로는 아주 멀리 간 사람의 이야기보다 나보다 몇 발자국 더 나아간 사람의 이야기가 더 도움이 되기도 하기 때문이다.

오늘날 우리는 빠르게 변화하는 AI 시대를 살아가고 있다. 기존 교육 방식처럼 국어, 영어, 수학을 열심히 공부해 좋은 등급을 받아 좋은 대학에 진학하는 것이 과연 2050년에도 유효한 성공 방정식일까? AI, 자동화, 데이터 기술이 주도하는 미래 사회에서, 단순한 암기식 학습과 대학 졸업장이 더 이상 성공을 보장하지 않을 것이다. 이러한 변화 속에서 우리 아이들이 어떻게 살아남고 성장할 수 있을까? 부모로서 우리는 어떻게 AI 시대에 적합한 교육 방식을 제공하고, 미래 인재로서 역량을 키울 수 있을까?

책에 들어가기 전에

이 책은 AI 시대에 자녀 교육을 고민하는 부모들을 위해 작성된 가이드북으로, AI 기술이 교육과 사회에 미치는 영향을 이해하고 자녀의 미래를 준비할 수 있도록 돕는 다양한 주제를 다루고 있다. 각 장은 AI 시대에 필수적인 학습 능력과 사고방식을 탐구하며, 자녀의 적성을 파악하고 이를 바탕으로 미래 설계를 지원하는 방법에 대해 구체적으로 설명한다.

AI는 이제 우리 일상과 교육에서 필수적인 요소로 자리 잡았다. 하지만 많은 부모들은 AI가 단순한 기술이 아니라 사회 전반을 변화시키는 거대한 흐름이라는 점을 간과하고 있다. 이 책은 부모가 AI 시대에 자녀 교육을 어떻게 준비해야 하는지를 구체적으로 제시한다. AI가 변화시키는 교육과 직업의 환경, 그리고 이에 대비해 부모가 실천할 수 있는 방법을 제공하며, 가정에서의 AI 학습 로드맵을 안내한다. 부모가 AI를 이해하고, 자녀에게 적절한 교육을 제공하는 것이 미래 사회에서 중요한 역할을 하게 될 것이다.

1장 'AI 시대, 부모가 알아야 할 AI'

AI는 단순한 기술이 아니라 사회 전반을 변화시키는 혁

신적인 도구다. 이 장에서는 AI의 개념과 원리를 설명하고, AI가 미래의 직업과 교육에 미치는 영향을 분석한다. AI가 단순 반복적인 직업을 대체하는 방식, 그리고 창의성과 문제 해결력이 중요한 시대가 도래함을 강조한다. 부모는 AI 기술이 어떤 방식으로 활용되는지를 이해하고, 자녀가 AI를 올바르게 활용할 수 있도록 지도해야 한다.

2장 '영어를 학습하는 아이의 사고력 키우기'

AI 시대에 언어 능력은 필수적인 역량이다. 특히 영어는 AI 기술을 학습하고 글로벌 사회에서 경쟁력을 갖추기 위해 중요한 도구다. 영어 학습이 AI 활용과 결합될 때의 시너지 효과를 분석하며, 효과적인 영어 학습법을 제안한다. 부모가 자녀에게 영어를 자연스럽게 접할 수 있는 환경을 조성하는 것이 중요하며, 실용적인 학습 방법도 함께 제공한다.

3장 'AI 시대, 사고력과 표현력을 키우는 국어 교육 전략'

논리적 사고력과 창의성의 핵심은 국어력이다. AI가 발전할수록 단순한 정보 전달보다는 문제 해결과 비판적 사고력이 더욱 중요해진다. 이 장에서는 독서와 글쓰기 습관이 AI 시대의 필수 역량임을 강조하며, 부모가 자녀의 국어력을 효과적으로 향상시킬 수 있는 방법을 소개한다.

4장 '컴퓨팅 사고력을 키우는 코딩 입문 전략'

프로그래밍은 AI 시대의 필수 역량이다. 단순히 코드를 작성하는 능력을 넘어, 논리적 사고와 문제 해결력을 키우는 것이 핵심이다. 이 장에서는 프로그래밍이 자녀의 창의성과 사고력을 확장하는 방식과, 가정에서 프로그래밍을 쉽게 접할 수 있는 교육 방법을 소개한다.

5장 '아이의 진로를 여는 AI 기반 역량 탐색법'

AI 시대에는 새로운 직업이 계속해서 등장하며, 기존 직업의 상당수가 변화할 것이다. 부모는 자녀의 적성과 강점을 파악해 미래 사회에서 경쟁력을 갖출 수 있도록 도와야 한다. 이를 위해 적성 탐색 방법과 AI 기술을 활용한 직업군을 소개하며, 자녀가 스스로 진로를 탐색할 수 있도록 지원하는 방법을 제시한다.

6장 '가정에서 실천하는 AI 리터러시 키우기'

AI는 단순한 이론이 아니라 실생활에서 활용해야 하는

기술이다. 이 장에서는 AI 학습을 가정에서 쉽게 실천할 수 있는 방법을 제안하며, 부모와 자녀가 함께할 수 있는 AI 학습법과 실용적인 학습 도구를 소개한다.

7장 '미래를 준비하는 연령별 AI 학습 설계'

연령별로 AI 교육을 어떻게 적용해야 하는지를 안내한다. 초등학생, 중학생, 고등학생 등 연령별로 적절한 AI 학습 방법을 정리하고, 단계별 AI 학습 로드맵을 제시한다. 또한 자녀의 학습 목표 설정과 장기적인 학습 계획을 수립하는 방법도 설명한다.

8장 '부모와 함께하는 실생활 AI 프로젝트 5선'

이 장에서는 부모와 자녀가 함께 AI를 직접 활용해 볼 수 있는 프로젝트를 소개한다. 간단한 AI 코딩 프로젝트부터 데이터 분석 및 AI 기반 문제 해결 프로젝트까지, 실생활에서 AI를 체험할 수 있는 다양한 활동을 제공한다.

9장 '디지털 시민으로 성장하는 아이를 위한 AI 윤리 교육'

AI 기술이 발전하면서, 윤리적 문제도 더욱 중요해지고 있다. AI 시대에는 정보 보호, 알고리즘 편향성, AI 윤리 등에 대한 이해가 필수적이다. 이 장에서는 부모가 자녀에게 디지털 윤리를 가르쳐야 하는 이유와, 윤리적인 AI 활용법을 교육하는 방법을 제시한다.

10장 'AI 시대 부모의 역할과 미래 설계'

마지막 장에서는 AI 시대를 대비하는 부모의 역할을 정리하고, 자녀의 미래 설계를 위한 실질적인 조언을 제공한다. AI 기술의 발전 속도에 맞춰 부모가 어떻게 자녀를 지원할 수 있을지, AI 시대의 부모 역할이 무엇인지 분석하며, 장기적인 학습 전략을 수립하는 법을 소개한다.

이 책은 AI 시대를 살아갈 자녀를 위한 교육 가이드이자, 부모가 AI를 이해하고 적극적으로 활용할 수 있도록 돕는 실천적 지침서다. AI 시대의 변화 속에서 부모와 자녀가 함께 성장하고 준비할 수 있도록 돕는 것이 이 책의 목표다.

AI 시대, 함께 걷는 부모의 여정

우리는 AI와 함께 살아가는 시대를 맞이하고 있다. 이 책을 통해 우리 아이들이 AI 시대에 적응하고 성장할 수 있는 방법을 모색해 보았다.

미래는 불확실하지만, 우리 아이들이 변화에 유연하

게 대응하고, 자신만의 길을 찾아갈 수 있는 능력을 갖추는 것이 중요하다. 부모로서 우리의 역할은 아이들에게 안전한 울타리가 되어 주는 동시에 그들이 세상을 향해 날개를 펼 수 있도록 용기를 주는 것이다.

이 책에서 다룬 여러 내용들은 단순한 경험담을 넘어 우리 사회의 교육 시스템과 미래 인재 양성에 대한 깊은 고민을 담고 있다. AI 시대는 도전이자 기회다. 이 시대를 살아갈 우리 아이들에게 필요한 것은 단순한 지식의 축적이 아니라 창의성, 문제 해결 능력, 그리고 끊임없이 학습하고 적응하는 능력이다. 이 책에서 제시한 여러 방법들이 아이들의 이러한 능력을 키우는 데 도움이 되기를 바란다.

모든 아이들은 각자의 재능과 가능성을 가지고 있다. 부모인 우리의 역할은 그들이 자신의 잠재력을 최대한 발휘할 수 있는 환경을 만들어 주는 것이다. AI 시대를 살아갈 우리 아이들이 자신의 잠재력을 최대한 발휘해야 한다.

이 책이 그 여정에 작은 도움이 되기를 바라며, 누군가의 더 나은 미래에 디딤돌이 되길 희망한다. 우리 아이들의 밝은 미래를 위해 지금 우리가 할 수 있는 최선을 다하는 것, 그것이 바로 부모인 우리들의 사명이기 때문이다.

우리의 이야기가 비슷한 고민을 안고 있는 다른 가정에 작은 힘이 되고, AI 시대를 살아갈 우리 아이들과 부모님들에게 새로운 관점과 희망을 제시할 수 있기를 소망한다. 함께 미래를 준비하고, 우리 아이들이 자신만의 길을 찾아갈 수 있도록 돕는 여정에 독자 여러분을 초대한다.

동재 엄마에게 특별한 감사를

이 책을 집필하는 과정에서 가장 큰 조언자이자 동반자는 동재 엄마였다. 영어를 전공하고 국어 교사로서 교육 현장에서 쌓아 온 경험과 통찰을 아낌없이 나누어 주었고, 자녀 교육에 대한 깊은 고민과 실천 사례가 이 책을 더욱 의미 있게 만들었다. 이 책의 많은 부분에는 그녀의 생각과 손길이 스며 있다.

가정에서 실천하는 교육의 중요성을 강조하고, 부모의 역할을 고민하며 함께 나아갈 수 있었던 것은 모두 그녀 덕분이었다. 이 자리를 빌려 깊은 감사의 마음을 전한다.

01
AI 시대, 부모가 알아야 할 AI

AI는 우리 일상과 미래에 중요한 영향을 미치므로, 부모들도 이해가 필요하다. AI 지식은 자녀의 미래 준비와 능력 개발에 도움이 되며, 부모는 자녀가 AI를 올바르게 활용할 수 있도록 안내하는 역할을 해야 한다. 또한 AI에 대한 이해는 자녀와의 소통을 원활하게 하고, 균형 잡힌 디지털 생활과 올바른 가치관 형성에 도움을 준다. 결국 부모의 AI 이해는 자녀의 미래 경쟁력과 건강한 성장을 위해 필수적이다.

AI와 1인 창업?

AI가 바꾸는 미래 사회와 교육

2017년 10월 서울대 공대 15명의 연구팀이 1년에 걸쳐 심층 연구한 '미래도시 연구보고서'에서는, 2090년이면 인공지능(AI)과 가상 현실(VR)이 본격화되어 인간 대부분이 AI보다도 못한 단순 노동자로 전락할 것이라 전망했다. 2024년 현재 AI 기술은 더 많이 발전했고 앞으로도 발전 중이며 인공지능과 가상 현실 세계가 주류가 될 것이라는 건 이제 당연한 현실로 다가오고 있다.

연구팀은 미래 도시 시민들이 플랫폼 소유주와 플랫폼 스타, 인공지능 로봇, 일반 시민의 4개 계급으로 분화된 삶을 살게 될 것으로 예측했다. 인류를 지배하는 최상층부에 플랫폼 소유주가 있고 그 바로 아래에는 플랫폼에서 인기 정치인, 연예인같이 플랫폼 스타라는 새로운 계급이 생겨난다고 전망한 점이 흥미롭다.

즉, 자신만의 플랫폼을 보유하거나 관련 기술을 갖든지, 자신만의 컨텐츠를 가지고 팬들의 지지를 받는 것이 미래 사회를 준비하는 자세라 할 수 있는 것이다. 미래 사회에 적합한 인재가 되기 위해서는 예측 가능하고 한정적인 일들을 잘하는 모범생보다는 시시각각으로 변화하는 사회 변화의 파도 속에서 서핑을 할 수 있는 모험가가 유리하다. 또한 자신만의 색깔과 개성을 살려 스스로를 브랜드로 만들 수 있는 역량 또한 중요하다.

그런 역량을 가진 아이를 만들기 위해 가장 중요한 것은 무엇일까? 가장 중요한 것은 '내가 누구인지'에 대해 생각해 보는 시간과 환경을 아이에게 충분히 주는 것이라고 나는 생각한다. 너무 많은 미디어에 어린 나이부터 노출되면서 아이들은 능동적이기보다는 수동적이고 습관적으로 생각하지 않는 시간들을 너무 많이 보낸다.

중학교 국어 교사인 와이프는 학생들에게 쉬는 시간에 뭘 하냐고 종종 물어보는데 아이들은 대부분 학원 숙제나 학교 숙제를 마친 후 게임을 하거나 유튜브를 본다고 대답했다고 한다. 어떤 유튜브 채널을 좋아하냐고 물으니, 대다수의 아이들이 알고리즘이 추천해 주는 유튜브 쇼츠, 재미 위주의 릴스를 반복적으로 본다고 했다.

대안학교 교장 선생님에게 대안학교 아이들과 일반학교 아이들의 차이점에 대해 물으니 이렇게 대답하셨던 것이 기억이 난다. 대안학교 아이들은 충분히 본인에 대해서 질문하고 생각해 보기에 대학에 진학하면 본인이 선택한 공부를 열심히 하는데, 일반 학생들은 우선 공부를 하고 나서 대학에 입학하기에 대학 입학 후 진로에 대해 고민을 한다는 점이 다르다고 했다.

아무것도 하지 않고 심심할 시간, 멍하니 생각하거나

공상할 시간을 반드시 자녀에게 줄 것을 권유한다. '나'에 대해 생각해 봐야 앞으로의 길을 가늠할 수 있고 능동적으로 인생을 모험할 수 있기 때문이다.

아들이 산티아고 순례길에서 배운 진리

산티아고 순례길을 걷고 온 아들에게 걸으면서 무슨 생각을 했냐고 물어본 적이 있다. 아이는 이렇게 대답했다. "나는 어떤 사람이고 어떤 걸 좋아하고 어떤 일을 하고 싶나 생각했지. 나는 백동재고 배우는 걸 좋아해. 가르치는 건 배우는 것만큼 안 좋아해. 앞으로 내가 배우고 싶은 건 경제학, 미적분 등등. 난 앞으로 교수가 되고 싶어. 가르치는 것보다는 연구하는 직업을 갖고 싶어."

결국 나를 지킬 수 있는 것은 '나'뿐이며 그러기 위해서는 '내'가 '나'를 잘 알아야 한다. 또한 플랫폼이 돈과 힘이 되는 사회에서 살기 위해서는 플랫폼을 구성하는 프로그래밍 언어에 대한 이해와 AI 그리고 다른 사람들과 함께 소통할 수 있는 커뮤니케이션 능력(코딩, 말하기, 듣기, 쓰기, 읽기)이 필요하다고 생각한다.

하지만 이것만으로는 부족하다. 이 모든 것들을 한 줄에 꿸 수 있는 가장 핵심 역량은 무엇일까? 나는 그것을 '팬덤'이라고 생각한다. 계속 발전하는 '나'로 성장해 가기 위해서는 '나'를 응원해 줄 수 있는 팬들이 필요하다.

핵심 팬덤 100명의 힘은 인생에 든든한 지지와 공감을 선사하며, 이는 곧 개인의 활동 영역 확장과 성장으로 이어진다. 다양한 관점에서 조언을 아끼지 않고 진심으로 응원해 주는 팬들을 만드는 것은, 자신만의 색깔을 명확히 하고 이를 꾸준히 알려 나가는 셀프 브랜딩의 중요한 목표다. 이러한 팬덤은 단순히 숫자가 아닌 깊이 있는 관계를 기반으로 형성된다.

핵심 팬을 만드는 방법은 자신이 가진 가치를 생산적인 형태로 세상에 나누고, 자신의 비전과 역량을 진솔하게 공유하는 데 있다. 마치 씨앗을 뿌려야 열매를 맺듯, 먼저 자신의 것을 내어줄 때 비로소 타인의 관심과 지지를 얻을 수 있다. 이것이 셀프 브랜딩의 기본적인 작동 원리다.

이러한 맥락에서, 아이에게 자신의 관심사와 지식을 꾸준히 블로그에 기록하도록 권유한 것은 매우 현명한 셀프 브랜딩 교육이라고 생각한다. 꾸준한 콘텐츠 생산은 아이가 성장하는 과정 속에서 자연스럽게 자신만의 팬덤을 구축할 수 있도록 돕고, 이는 성인이 되어서도 긍정적인 영향력을 발휘하는 강력한 기반이 될 것이다.

2090년이 되어도 변하지 않을 진실은 '나'를 알고 '남'

을 돕는 사람만이 살아남으리라는 것이다. '남'의 범주가 넓어져서 AI가 포함되는 것 말고는 핵심은 같다고 본다. 결국은 사람이다. 급변하는 사회에서 혼자서 가기보다는 남과 같이 갈 수 있는 사람만이 살아남을 수 있기 때문이다.

부모들이 AI를 알아야 할 이유

AI 시대의 도래: 자녀에게 미칠 영향

우리는 급변하는 디지털 시대에 살고 있다. 특히 AI 기술은 이제 단순한 이론에 그치지 않고, 일상생활 속에서 점점 더 많은 영향을 미치고 있다. 자녀가 성장하는 과정에서 AI와 함께 살아갈 수 있도록 돕는 것은 부모의 중요한 역할 중 하나다. 하지만 많은 부모님들이 AI의 개념과 그것이 자녀의 미래에 미치는 영향을 아직 제대로 이해하지 못하고 있다. 자녀가 이 미래 사회에서 성공적으로 살아남기 위해서는 부모가 AI에 대한 기본적인 이해를 가지고, 이를 자녀에게 효과적으로 전달할 수 있어야 한다.

AI와 자녀의 진로

아이들의 미래 직업군은 이제 우리가 알고 있는 것과는 전혀 다른 모습일 것이다. 전통적인 직업들이 사라지고 새로운 직업들이 등장하는 AI 시대가 다가오고 있기 때문이다. 동재가 생각한 진리 중 하나는 바로 "나를 지킬 수 있는 것은 나뿐이다"라는 것이다. AI가 발전하면서 많은 기존 직업들이 사라질 것으로 예상된다. 그러나 AI 시대에서 살아남는 사람은 자신의 강점을 알고, 그것을 통해 사회와 소통하고 기여할 수 있는 사람이다. 자녀가 AI 기술을 잘 활용할 수 있도록 부모가 먼저 AI의 중요성을 인식하고, 자녀에게 이를 어떻게 전달할지 고민해야 한다.

부모가 AI의 필요성과 가능성에 대해 충분히 이해하고 있다면, 자녀가 어떤 직업을 선택할지에 대해 명확한 방향을 제시할 수 있다. 예를 들어 AI 개발자, 데이터 사이언티스트, AI 윤리 전문가와 같은 새로운 직업군은 급격하게 성장할 것이다. 이에 따라 자녀가 AI 기술을 습득하고 이를 활용해 자신의 미래를 설계하는 데 필요한 능력을 갖추게 해야 한다.

AI, 인간의 잠재력을 깨우는 열쇠

AI는 단순한 기술적 도구를 넘어 인간의 잠재력을 깨우는 열쇠가 될 수 있다. AI를 활용한 데이터 분석, 문제 해결, 창의적 사고는 자녀가 미래 사회에서 주도적인 역할을 할 수 있게 만든다. 부모는 자녀가 AI를 이해하고 그것을 활용해 자신의 꿈과 목표를 실현할 수 있도록 도와야 한다. AI는 "나를 알고, 남을 돕는 사람만이 살아남는 시대"를 이끌어 갈 것이다. 자녀가 AI와 함께 미래를 살아가면서 자신의 가능성을 최대한 발휘할 수 있도록 돕는 것이 부모의 중요한 역할이다.

AI가 당신을 대체하는게 아니라, AI를 활용하는 사람이 당신을 대체할 것이다

"AI가 당신을 대체하는게 아니라, AI를 활용하는 사람이 당신을 대체할 것이다." AI 활용에 대한 강의를 많이 하는 공학박사 아빠인 저자가 강의에서 많이 하는 이야기다. 언젠가는 AI가 모든 사람을 대체하겠지만, 아직은 AI보다는 AI를 활용하는 사람이 활용하지 못하는 사람보다는 더 중요한 시점이다.

2022년 9월 한국에서는 AI를 잘 모르고 챗GPT도 잘 알려지기 전, 미국 콜로라도 주립 박람회 미술대회에서 제이슨 앨런의 작품 〈스페이스 오페라 극장〉이 1위를 차지한 사건은 AI 기술이 예술 분야에 미치는 영향을 잘 보여 주고 있다.

게임 기획자인 제이슨 앨런이 AI 프로그램 '미드저니'

를 사용해 이 작품을 제작했으며, 이는 전 세계적으로 큰 논란을 불러일으켰다. AI가 인간의 창의성을 대체할 수 있는지에 대한 중요한 질문을 던진 것이다.

제이슨 앨런의 작품 〈스페이스 오페라 극장〉에 쓰인 프롬프트는 앨런이 공개를 거부해서 알 수 없지만, 유사하게 챗GPT에게 그려 달라고 하면 나오는 프롬프트는 아래와 같다.

"A detailed and atmospheric painting depicting a grand, ancient hall with high ceilings and intricate decorations. In the foreground, three elegant figs."

이렇게 몇 구절의 프롬프트만 넣으면 이미지가 나오는 세상이다. 이제 각광받는 웹 디자이너의 직업의 영역이 없어지는 것을 우리는 지금 현실로 보고 있는 것이다.

우리 아이들이 AI를 활용하는 사람이 되어야 하는 이유는 이제 자명하다.

우리 아이들이 어떤 사람이 되어야 할지는 자명하고, 그런 아이를 키우기 위해 우리 부모는 어떤 노력이 필요할지 알아보자.

02
영어를 학습하는 아이의 사고력 키우기

외국어를 배운다는 것은 새로운 영혼을 얻는 것과 같다고 샤를마뉴 대제가 얘기했다. 아이들이 언어를 익히며 다른 문화와 사고방식을 접할 때, 자신만의 새로운 정체성과 관점을 얻게 된다. 영어는 현대 사회에서 글로벌 소통과 정보 활용의 강력한 도구가 되는 만큼, 아이가 영어를 자유롭게 사용할 수 있도록 돕는 일은 매우 중요하다.

AI와 MBTI?

다른 언어를 배우는 것은 두 개의 영혼을 갖는 것과 같다

AI 시대 영어를 능숙하게 활용할 수 있는 능력은 정보 활용 면에서 굉장히 유리한 포지션을 점유할 수 있는 초석이 된다고 생각한다. 현재 상용화되고 있는 AI 자체가 대부분 미국에서 만들어진 것이고, 영어를 활용해 얻을 수 있는 데이터가 한글을 사용해 얻을 수 있는 데이터보다 훨씬 더 많고 정교하기 때문이다. 즉 능숙하게 영어를 잘 구사한다는 것은, 영어 번역 앱을 사용해야 하는 다른 사람들이 접근하지 못하는 정보를 향유하고 가공할 수 있다는 점에서 매우 유리하다고 볼 수 있다.

동재 엄마가 했던 엄마표 영어 교육은 다양한 이유로 선택될 수 있다. 첫째, 영어 유치원의 높은 학비와 제한된 등·하원 시간은 많은 부모에게 부담이 될 수 있다. 특히 워킹맘의 경우 일정 조율이 어려워 영어 유치원에 보내는 것이 현실적으로 불가능한 경우가 많다.

둘째, 아이의 모국어 능력이 충분히 발달한 후 외국어 학습을 시작하면 해당 언어가 어렵고 지루하게 느껴질 가능성이 크다. 언어 학습은 아이의 인지 능력과 비슷한 수준에서 진행될 때 가장 효과적이다. 따라서 모국어와 유사한 수준에서 자연스럽게 외국어를 접하는 것이 학습에 유리하다.

또한 아이의 모국어 능력 및 정신 연령이 외국어를 배우는 교재나 내용에 비해서 높아지면 언어 공부가 시시하고 재미없게 느껴질 것이라는 점이 빤히 보였다. 그래서 할 수 없이 엄마표 영어로 아이를 가르쳤다. 아이가 자신의 모국어 수준과 비슷하게 만만하게 외국어를 배우는 것이 언어 학습에 최고로 유리하다는 것을 언어 전공자로서 알고 있었기 때문이다.

'외국어를 배운다는 것은 두 번째 영혼을 소유하는 것과 같다'는 이야기가 있다. 우리 아이의 경우 영어, 국어로 이야기할 때 말의 뉘앙스나 태도가 다른데 영어로 이야기할 때 좀 더 활발하고 다양한 제스처를 사용한다. 국어로 이야기할 때는 좀 더 차분히 이야기하는 경향이 있다.

미국 코네티컷 대학의 연구팀에 따르면 남미계 미국 여성들에게 영어와 스페인어로 자기 성격을 묘사하도록 했을 때, 영어로 이야기할 때 자신을 더 외향적이며 친화적이고 성실하다고 묘사했다고 한다. 이에 대해 연구진은 사람들은 각 언어 문화권에 대한 특정한 인식을 가지고 있으며 이를 자신의 정체성에 투여하기 때문이라고 설명했다. 영미권에서는 친화성, 성취, 자기 주장 등의 가치를 높이 사기 때문에 영어로 이야기할 때는 그런 가치를 자신의 정체성에 부여한다는 것이다.

언어는 단지 영어 문화권 중심의 세상을 살아가는 도구일 뿐 아니라 세상을 보는 다양한 관점과 성격 형성에 중요한 기저가 된다. 이는 우리가 아이 영어 공부에 힘을 써야 할 또 다른 이유가 아닐까 하고 생각해 본다.

지금 동재는 유튜브를 영어로 보고 있고, 챗GPT에게 질문도 영어로 하고 있다. 이제 동재가 받았던 영어 공부 방법을 한번 알아보자.

듣기(6~7세): 영어 소리에 대한 노출

어릴 때부터 다양한 영어 DVD나 음성, 영상을 통해 아이에게 영어 소리를 꾸준히 들려주는 것은 언어 습득의 기본적인 토대를 마련하는 효과적인 방법이다. 흔히 흘려듣기라고 하지만, 중요한 것은 아이가 자연스럽게 영어의 리듬과 소리에 익숙해지도록 환경을 조성해 주는 것이다.

두세 돌 무렵 간단한 한국어 구사가 가능해지는 시점을 고려해, 6세부터 2~3년 동안은 별도의 문자 교육 없이 아이의 현재 나이보다 약간 낮은 수준의 영어 DVD를 시청하게 한 것은 적절한 접근이라고 볼 수 있다. 특히 유튜브를 활용해 영미권 유아들이 즐겨 보는 교육 프로그램을 선택하는 것은 아이의 흥미를 유발하고 자연스러운 영어 노출을 극대화할 수 있는 좋은 방법이다. 단편적인 영상보다는 반복적인 어휘와 문장 구조를 포함하는 시리즈물을 중심으로 보여 주는 것이 언어 학습에 더욱 효과적이다.

일반적인 언어 발달 단계에서 듣기 이후 말하기로 자연스럽게 이어져야 하지만, 한국적인 환경에서는 원어민과의 지속적인 상호작용 기회가 부족해 어려움이 있을 수 있다. 이 부분에 대한 명확한 해결책을 제시하기 어려운 것은 사실이다. 단순히 많이 듣는다고 저절로 말하기 능력이 향상되는 것은 아니므로, 듣기 단계에서 충분한 영어 소리 노출과 함께 자연스러운 말하기 환경을 조성하는 방법에 대한 고민이 필요하다.

파닉스(7세 이후): 읽기의 기초 다지기

본격적인 읽기 교육에 앞서 파닉스를 익히도록 지도한 것은 매우 중요한 단계다. 파닉스 학습을 통해 아이는 영어 글자와 소리의 관계를 이해하고, 처음 보는 단어도 읽을 수 있는 능력을 키울 수 있다. 이는 단순히 듣는 것에 그치지 않고, 텍스트를 통해 스스로 학습할 수 있는 기반을 마련해 준다.

개인별로 한글 습득 시기가 다르듯, 영어 파닉스 학습 역시 아이의 발달 속도에 맞춰 진행하는 것이 중요하다. EBS의 'I CAN 파닉스'나 '립 프로그' DVD와 같이 시청각 자료를 활용하고, 스케치북에 파닉스 규칙을 적어 보며 반복적으로 학습하는 방식은 아이의 흥미를 유지하고 이해도를 높이는 데 효과적이다. 파닉스 학습은 읽기 능력 향상뿐만 아니라 정확한 발음을 기반으로 한 말하기 학습에도 긍정적인 영향을 미친다.

말하기(파닉스를 익힌 이후): 소리 내어 연습하고 소통하기

파닉스 학습 이후 영어 음원을 듣고 따라 읽는 연습을 체계적으로 진행한 것은 언어 발달 원리에 부합하는 효과적인 말하기 지도 방법이다. 한 문장씩, 한 단락씩, 그리고 점차 책 전체를 듣고 낭독하게 하는 단계적인 접근은 아이가 영어 발음에 익숙해지고 자연스럽게 문장 구조를 체득하도록 돕는다.

가장 어려운 점이 상호적인 소통을 하게 하는 기회가 한정적이라는 것이었다. 그래서 원어민과 소통할 수 있는 저렴한 화상 영어도 활용했고 필리핀에 2달 정도 어학 연수를 보내서 아이에게 영어로 소통할 수 있는 기회를 주기도 하면서 그 부족함을 메워 갔다.

다만 충분한 음독과 낭독 연습을 통해 기본적인 발음과 억양이 몸에 익지 않은 상태에서 원어민과의 소통은 효과가 미미할 수 있다. 따라서 엄마표 영어를 통해 책과 CD라는 훌륭한 교재를 기반으로 충분히 흉내 내고 반복하는 연습을 선행하는 것이 중요하다.

아이의 수준에 맞춰 리더스북에서 초기 챕터북, 챕터북으로 단계적으로 교재를 선택하고, 『잠수네 커가는 아이들』과 같은 엄마표 영어 관련 서적을 참고해 아이에게 적합한 책을 고른 것은 좋은 방법이다. 또한 도서관이나 영어 원서 사이트, 중고 서적 등을 활용해 다양한 영어 책을 접하게 해 주는 것은 아이의 흥미를 유지하고 학습 효과를 높이는 데 도움이 된다.

읽기(파닉스를 익힌 이후): 텍스트 이해력 키우기

소리 내어 읽기 연습은 말하기 능력뿐만 아니라 읽기 능력 향상에도 필수적인 요소다. 아이가 텍스트 내용을 스스로 인지해 가는 과정은 한국어 학습 과정과 매우 유사하다. 처음에는 의미를 정확히 이해하지 못하고 읽더라도, 엄마가 옆에서 모르는 단어나 표현을 설명해 주면 아이는 점차 내용을 파악하게 된다.

영어를 읽을 때 아이가 제대로 발음하지 못하는 단어는 모르는 단어일 가능성이 높으므로, 이를 체크하고 그림이나 쉬운 영어 표현을 통해 설명해 주는 것은 효과적인 어휘 학습 방법이다. 단어 암기 위주의 학습보다는 맥락 속에서 자연스럽게 단어의 의미를 인지하도록 유도하는 것이 중요하다.

다시 한번 강조하는 것은 절대 우리 아이의 이상형이나 비교 대상을 만들지 말고 아이의 절대적인 성장에 집중하라는 것이다. 우리 아이들은 각각 모두가 다 다르다. 그렇게 생각하며 아이와 영어 공부를 하다 보면 마음 편하게 공부할 수 있고, 그 공부를 오래 지속시킬 수 있다.

03
AI 시대, 사고력과 표현력을 키우는 국어 교육 전략

국어력은 아이들이 자신의 욕망과 꿈을 명확히 알고 표현하는 중요한 도구이며, AI 시대에도 개성과 능력을 발휘하는 강력한 무기가 된다. 부모는 아이들이 즐겁게 읽고 쓰며 스스로를 탐구할 수 있는 환경을 조성해야 한다. 이러한 환경을 통해 아이들은 타인의 욕망이 아닌 자기 자신의 꿈을 찾아 힘차게 나아갈 수 있다.

AI와 난임 극복?

언어의 힘: AI 시대의 필수 도구

자신의 첫 책인 『초등학생부터 시작하는 주식투자』가 나오기 전부터 아이는 인세를 불우이웃 돕기에 기부하고 싶어 했는데, 책이 나오고 나서 어디에 기부할까 고민하다 우리가 사는 지역 사회에 기부하기로 결정했다. 기부금과 함께 출판사에서 책 20권도 후원해 주셔서 같이 기부하게 되었다. 누구에게라도 읽히고 작은 도움이 되었으면 한다.

광명시장님도 많이 격려해 주시고, 아이가 본인의 책에 사인도 해서 시장님께 선물로 드리니 좋아하셨단다. 기부도 하고, 인공지능도 잘 아는 전천후 인재로 키우려면 부모는 무엇을 알고 알려 주어야 할까?

타인의 욕망을 욕망하는 우리 아이들

인생을 살면서 가장 중요한 것은 무엇일까? 아마도 내가 원하는 꿈을 갖고 목표를 위해 힘차게 살아가고 도전하는 그 과정 자체가 가장 중요한 것이 아닐까 싶다. 그런데 정작 본인이 원하는 것이 무엇인지도 모르고, 그저 남들이 꾸는 보편적인 꿈이 자기의 것인 양 생각하는 사람들이 생각보다 상당히 많다.

동재 엄마는 중학교에서 20년 가까이 아이들에게 국

어를 가르치고 있는데, 안타깝게도 '타인의 욕망을 욕망하고 있는 모습'을 아이들에게서 많이 발견하게 된다고 한다.

많은 아이들이 자신의 꿈이 무엇인지 명확하게 알지 못한 채 사회가 원하는 방향을 따라가곤 한다. 예를 들어 한 중학교 학생이 자신의 미래 모습을 그리는 활동에서 '삼성 직원'이 되겠다고 한 사례가 있다. 대기업 취업이 안정적이며 높은 소득을 보장한다고 생각했기 때문이다. 하지만 이러한 목표 설정에는 자기만의 흥미나 개성이 반영되지 않는다.

이처럼 아이들이 타인의 꿈을 자신의 꿈처럼 받아들이는 현상은 진로 선택에 대한 깊은 성찰이 부족하기 때문이며, 이는 장기적으로 자기 확신의 결여로 이어질 수 있다. 자기 자신에 대한 이해가 부족하면 외부의 평가와 비난에 쉽게 흔들리며, 진정 원하는 삶을 살아가기 어려워진다.

AI 시대 결국 국어력이 답인 이유

AI 시대에는 기계가 할 수 없는 인간만의 능력이 더욱 중요해진다. 자신의 욕망과 잠재 능력을 아는 것은 곧 AI가 대체할 수 없는 개성과 취향을 발전시키는 과정이다. 또한 AI를 효과적으로 활용하려면 올바른 질문을 던지고 AI의 답변을 해석하는 능력이 필요하다. 이는 모두 국어력을 기반으로 한 듣기, 말하기, 읽기, 쓰기 능력을 통해 길러진다.

아이들이 스스로를 이해하고 타인과 원활하게 소통하며 AI를 활용하기 위해서는 국어 교육이 필수적이다. 듣고 말하고, 읽고 쓰는 능력이 뛰어난 사람일수록 자기 자신을 명확히 알고, AI를 포함한 다양한 도구를 활용할 수 있다.

또한 나의 욕망과 잠재 능력을 아는 것은 AI 시대를 살아가는 우리에게 큰 무기가 된다. 결국 AI가 대체할 수 없는 나만의 개성과 취향이 나만의 강점이 되기 때문이다. AI를 활용하기 위해서는 제대로 질문하고 AI의 답을 해석하고 적용하는 능력이 핵심적이기 때문에 우리는 듣고 말하고, 읽고 쓰는 활동에 주목해야 한다.

초등 저학년에 필요한 좁게 글쓰기

중학교 국어 선생님인 동재 엄마가 저학년 글쓰기에서 가장 중요하게 생각하는 것은 좁은 글을 쓰는 것이라 한다. 일기를 쓰게 하더라도 오늘 있었던 일을 죽 쓰는 것보다는 오늘 재미났던 일, 맛있게 먹었던 것, 인상 깊은

일 등으로 주제를 좁게 설정해 주고 그 안에서 아이가 다양하고 구체적인 표현을 할 수 있도록 유도하면 좀 더 풍부한 글을 쓰게 할 수 있다.

아이 혼자서 내용 생성을 하긴 어렵기 때문에 부모가 옆에서 다양한 질문을 하면서 내용을 떠올리게 하는 것이 좋다. 다양한 질문이 잘 떠오르지 않는다면 언제, 어디서, 무엇을, 누가, 어떻게, 왜의 육하원칙 중 하나에 초점을 맞춰서 상황이나 심정을 생각해 보게 하는 것도 좋다.

글쓰기가 아직 어려운 아이라면 말하기를 하는 것도 아주 좋다. 말하기 역시 표현의 과정이기 때문에, 아이의 생각 그릇을 키우는 데에 큰 도움이 될 수 있기 때문이다.

국어 교육 방법

자연스러운 독서 환경 조성

책을 읽는 것이 즐거운 경험이 될 수 있도록 강요하지 않고 자유롭게 독서를 유도하는 것이 중요하다. 자극적인 영상 콘텐츠에 익숙해지면 독서 습관을 들이기 어려워지므로, 스마트폰 사용을 제한하고 학습 만화를 과도하게 접하지 않도록 지도하는 것이 바람직하다.

일기 및 글쓰기 지도

아이들이 부담 없이 글을 쓰도록 유도해야 한다. 글쓰기 주제를 좁게 설정하면 더욱 풍부한 표현이 가능하다. 예를 들어, 하루 동안 있었던 일을 모두 쓰게 하기보다는, "오늘 가장 재미있었던 일" 또는 "가장 인상 깊었던 순간"과 같이 특정한 주제로 제한하면 글의 질이 향상된다.

부모는 다양한 질문을 통해 아이가 더 많은 내용을 떠올릴 수 있도록 도와야 한다. 질문이 어려울 경우, 육하원칙을 활용해 사고를 확장하도록 지도할 수 있다.

글쓰기가 어려운 아이들은 먼저 말로 생각을 정리하도록 도와주는 것도 효과적이다. 말하기 과정은 표현력을 키우는 데 중요한 역할을 하며, 이는 글쓰기 실력 향상으로도 이어진다.

신문 활용 글쓰기(N.I.E.)

신문을 활용한 글쓰기(N.I.E.)는 독해력과 사고력을 동시에 키울 수 있는 좋은 방법이다. 흔히들 신문을 활용한 글쓰기 하면 뭔가 어렵고 복잡한 활동을 생각하는데 집에서도 누구나 어렵지 않게 할 수 있는 활동이다. 다음과 같은 간단한 방법으로 집에서도 실천할 수 있다.

아이가 신문이나 잡지에서 한 기사를 선택한다.

가장 중요하다고 생각하는 단어 5개를 찾아 동그라미를 친다.

부모도 같은 기사를 읽고 중요하다고 생각하는 단어 5개를 선택한다.

아이와 부모가 서로 선택한 단어를 비교하고, 해당 단어들을 활용해 기사의 내용을 요약해 본다.

이 활동은 아이가 글의 핵심을 파악하는 능력을 기르는 데 도움을 준다. 처음에는 어려울 수 있으나, 제목이 중심 내용을 담고 있다는 힌트를 주면 점점 개선되는 모습을 보일 것이다. 다독이 어렵다면, 이러한 짧은 활동을 통해서라도 독해력을 높이는 것이 가능하다.

국어력은 AI 시대를 살아가는 핵심 역량

국어력은 단순히 글을 잘 읽고 쓰는 능력을 넘어, 자기 자신을 이해하고 타인과 소통하며 AI를 효과적으로 활용하는 데 필요한 핵심 역량이다.

어릴 때부터 듣기, 말하기, 읽기, 쓰기의 기초를 다지면 자기 생각을 명확히 표현할 수 있고, AI 시대에도 대체되지 않는 창의적이고 독창적인 인재로 성장할 수 있다. 부모는 이러한 국어력 향상을 위해 자연스러운 독서 환경을 조성하고, 부담 없는 글쓰기 경험을 제공하며, 신문 활용 글쓰기 등을 실천해야 한다.

이러한 노력이 지속된다면, 아이들은 타인의 욕망이 아닌 자신의 꿈을 발견하고 이를 이루기 위한 주체적인 삶을 살아갈 수 있을 것이다.

04
컴퓨팅 사고력을 키우는 코딩 입문 전략

AI와 디지털 기술이 일상이 된 지금, 프로그래밍 능력은 읽기, 쓰기, 계산만큼이나 중요한 기본 소양으로 자리 잡아가고 있다. 특히 아이들에게 코딩을 가르치는 것은 단순히 코드 작성법을 배우는 것을 넘어 창의적 사고, 문제 해결력, 논리력을 기르는 데 큰 도움을 준다.

AI와 사주?

프로그래밍 능력이 기본값이 되는 시대가 온다

프로그래머로 20년 넘게 일했고 지금은 대학교에서 인공지능 융합을 가르치는 저자는 아들이 9살이 되었을 때부터 현재까지 아이에게 프로그래밍과 코딩을 가르쳐 왔다. 아이가 9살이던 2014년부터 SW 교육이 앞으로 대세가 되어 갈 것이라는 여론이 점점 더 확산되었기 때문이다. 아이가 중학교를 자퇴하고 대안학교에 들어간 다음에도 아빠의 코딩 교육은 꾸준히 지속되었다.

직업 교육의 일환으로 시작한 아빠의 코딩 교육은 아이가 대안학교에 간 후에 빛을 발했다. 실질적으로 대안학교 졸업 후 '아이가 어떤 기술을 갖고 먹고 살 수 있느냐?'에 대한 명확한 답이 되어 주었기 때문이다. 그래서 이 장에서는 아빠가 그간 아이를 위해 해 온 코딩 교육과 그에 대한 아이의 글들을 간추려서 정리해 보려고 한다. 또한 아빠표 코딩 교육을 받으면서 동재가 직접 적은 글들도 발췌해 정리하였음을 이야기해 둔다.

미국 영어 코딩 교육 프로그램으로 코딩의 개념 가르치다

스크래치 블록 코딩

2016년 5월 9살이 된 동재에게 처음으로 프로그래밍을 가르치기로 했다. 게임을 하는 주변 또래들을 보며 부러워하는 아이를 보며 게임을 하는 것보다는 만드는 것을 알려 주자고 아내와 얘기가 된 것이다.

먼저 블록 코딩인 '스크래치'부터 가르치기로 했다. 지금은 절판된 『꼬마 해커의 작업실, 수프, 스크래치』라는 책을 활용해서 스크래치에 나오는 고양이 캐릭터 소리 내기, 움직이기 등을 아이와 함께 해 보고 아이에게 명령어의 개념과 실행 방법에 대해 설명해 주었다.

아이에게 스크래치로 구성된 화면은 말 그대로 컴퓨터에게 일을 시키는 것인데 이때 컴퓨터는 시킨 일 외에는 스스로 일하는 것이 불가능하고, 만약 스크래치가 동작을 제대로 안 한다면 그것은 본인이 코딩을 잘못한 것이라는 걸 반복적으로 알려 주었다.

그리고 동작이 제대로 안 될 때 문제 해결을 어떻게 할 것인가를 알려 주었다. 문제 해결에서 가장 중요한 것은 어디에서 문제가 일어나는지를 알아내는 것이다. 아이에게 스스로 생각하고 문제를 해결할 시간을 충분히 주려고 애썼다.

레고 핸즈온 캠퍼스

또한 아이가 좋아하는 레고를 프로그래밍으로 조작할

수 있는 '레고 핸즈온 캠퍼스'에 아이를 데리고 가기도 했다. 동재와 함께 USB에 레고를 연결해서, 공을 차는 것을 마우스로 프로그래밍을 해 보았다. 모션 센서와 연계해서 간단한 UI를 통해 프로그래밍을 하고 그게 실제 동작을 하는 것이라 동재가 아주 신기해하고 즐거워했다. 컴퓨터를 만진다는 것이 아주 즐거운 활동이라는 걸 알려 주려 애썼다.

code.org

그리고 미국의 초등학교에서 하는 코딩 교육인 code.org를 아이에게 알려주고 자유롭게 활동해 보게 하기도 했다. code.org는 프로그래밍의 기본 개념에 대해 알려 주는 코스와 개별 학년에 맞는 캐릭터들이 별도로 있는데 동재는 미국의 초등학교 2학년들이 하는 모아나(Moana) 캐릭터로 코딩하는 것을 좋아했다. 이 역시 스크래치 같은 블록 코딩으로 코딩의 개념을 쉽고 재밌게 익힐 수 있다.

칸아카데미

또한 미국의 칸아카데미의 프로그램도 유용하게 활용했었다. 칸아카데미는 미국에서 개발된 무료 온라인 강의로 양질의 강의를 영어로 이용할 수 있다는 장점이 있다. 주요 프로그램으로는 수학, 프로그래밍이 있는데 아이가 좀 더 어릴 때는 수학 프로그램들을 활용했고 초등학교 3~4학년 무렵부터 프로그래밍을 이 사이트를 통해 배웠다.

다국어 설정이 가능하니, 만약 영어가 어렵다면 한글로 설정을 한 후 사용해도 된다. 그리고 부모가 같이 배우고 싶다면 교사 모드를 선택해서 먼저 배운 후 알려 주는 것도 좋을 거 같다. 강의는 영어로 진행이 되며 모르는 내용을 남기면 친절하게 한글로 조언도 달아 준다.

자바스크립트 언어를 사용해서 그리기, 애니메이션 만들기, 색칠하기, 마우스 위치에 따라 도형 그리기 등을 익히는데, 동재의 말로는 스크래치나 엔트리 같은 블록 코딩을 어느 정도 한 후 하면 되는 정도의 수준이라고 한다.

동재가 급하게 불러서 가 보니 토마토를 마우스로 이리저리 지우는 프로그램을 만들기도 하고 눈사람을 크기에 따라 여러 개로 만드는 프로그램을 만들기도 하고 하며 즐거워하던 기억이 난다.

코딩보다 중요한 건 컴퓨팅적 사고야

아들이 초등학교 2학년이었던 2016년에는 구글의 딥마인드가 개발한 인공지능 바둑 프로그램인 알파고와 이세돌 9단의 대결이 단연 화제였다. 나는 직감적으로 앞으로 AI가 세상을 선도하는 시대가 오리라는 걸 알 수 있었다. 또한 AI에게 일과 학습을 시킬 수 있는 역량을 아들에게 길러 주어야겠다는 생각을 하게 되었다.

그래서 아이에게 코딩을 가르쳐 주면서 가장 강조한 건, 아들에게 코딩과 컴퓨터 전반에 대한 개념을 알게 하고 코딩의 전반적인 내용을 아이에게 직접 설계해 보게 한 것이다. 즉 단순히 코드를 외워 코드를 짜게 하는 것보다는 전반적인 설계와 분석이라는 개념에 포커스를 맞춰 아이를 가르쳤다.

프로그램 전반에 대해 설계할 수 있는 능력을 향상시키기 위해서는 창의력과 문제 해결력, 논리력이 필요한데, 이런 능력들을 기르기 위해서는 독서와 생각 비우기가 무엇보다도 중요하다는 생각이 들어 아이가 중학교 1학년 때까지는 스마트폰을 사 주지 않았다.

이런 교육을 가랑비에 옷 젖듯 차츰차츰 받으며, 아이는 초등학교 5학년이 되던 2019년에는 스스로 게임을 만들기 위해 게임 설계도를 그리는 등의 성장을 보였다.

초등학교 5학년 때까지도 본격적인 코딩을 가르치지 않았기에 '엔트리'나 '스크래치' 같은 블록 코딩으로 게임을 만들면서 노는 것처럼 코딩을 즐겼다.

컴퓨팅적 사고력을 높이기 위한 놀이와 게임

코딩은 결국 도구일 뿐, 아이의 생각이 확장되고 단련이 되어야 한다. 도구는 아무리 이용해 보았자 본질의 실력은 늘지 않으므로 아이의 사고력을 확장시키고 뇌를 훈련하기 위해서 가급적 오프라인 게임을 같이 했다.

그중 가장 많이 한 게임은 바로 체스다. 아이와 처음 체스 게임을 시작했던 2019년에는 아이가 대부분 졌는데 점점 게임을 거듭하며 나를 이기기도 하고, 지는 시간도 달라지는 등 변화를 보였다. 오프라인으로 시작했던 체스 게임은 온라인 체스 게임으로 이어졌고 지금 아이는 챗GPT와 함께 체스를 즐기기도 한다.

파이썬을 배우고 파이썬 크롤링에 흥미를 느끼다

다양한 프로그램 언어 중 가장 인기 있는 코딩인 파이썬을 가르쳤다. 부스트코스의 사이트에 있는 파이썬 무료 강좌 중 하나를 선택해서 수강하도록 했다. 또한 아이에게 파이썬 프로그램을 직접 설치하고 파이썬을 배우는 과정을 아이 본인의 블로그에 기록하도록 했다. 아이가 파이썬에 대해 관심과 흥미를 갖게 하기 위해서 파이썬 데이터 크롤링도 따로 가르쳤다. 아빠인 내가 바쁜 관계로 '숨고' 어플에서 코딩 과외를 전문으로 하는 과외 선생님의 도움을 받았는데 아이가 아주 재밌어했다.

파이썬 데이터 크롤링으로 로또 번호 예측해 보기

파이썬은 해 봤자 그냥 코드인 거 아니냐고? 파이썬은 사실 그 인기만큼이나 되게 쓸데가 많은데 그 좋은 예시가 바로 데이터 크롤링이다. 크롤링이란 데이터를 뽑아내는 것이다.

크롤링은 파이썬의 대표적인 실용성을 보여 주며, 어려울 것 같지만 사실은 그렇게 어렵지 않다. 원하는 정보를 찾아서 분석을 할 수도 있다. 예를 들어서 로또에서 제일 많이 나온 숫자들을 찾아서 다음 로또 번호를 예측할 수도 있다. 그만큼 크롤링은 강력한 무기다. 파이썬을 배우고 응용할 수 있는 분야가 참 많다.

정보처리기능사 취득하다

코딩은 결국 도구일 뿐이다. 본질은 아이의 생각이 얼마나 단단히 다져지고, 얼마나 넓게 뻗어 나가는가에 달려 있다. 아이가 아직 어릴 때부터 오프라인 놀이와 게임을 함께하며 컴퓨팅적 사고력을 키우는 데 집중해 왔다. 어떤 문제를 해결할 때 패턴을 인식하고, 논리적으로 순서를 세우며, 알고리즘처럼 사고하는 습관을 자연스럽게 들여 주는 과정이었다.

이제 아이는 조금 더 체계적인 지식의 단계로 넘어가고 있다. 컴퓨터 일반, 운영체제, 데이터베이스, 정보통신 등 정보의 기본기라 할 수 있는 핵심 개념들이 정보처리기능사 시험 범위에 포함되어 있어, 전체적인 컴퓨터 지식을 쌓는 데에 아주 좋은 기회가 될 것이다.

아들에게 하루에 하나씩 프로그래밍 관련 용어를 아이에게 알려 주었다. 아이 입장에는 처음에는 마치 의미 없이 물을 붓는 일처럼 느껴질 수 있다. 하지만 세상 모든 일이 그러하듯, 콩나물 시루에 부은 물은 다 빠져나가는 것 같아도 콩나물은 결국 자란다. 아이의 사고력도 그렇게 자라고 결국 2023년도 정보처리기능사 필기와 실기 모두 합격해 정보처리기능사를 취득했다.

정보처리기능사 취득은 단순한 자격증이 아니라, 아

들이 자기 주도적으로 역량을 키운 증거였다. 부모로서 아이의 성장을 돕는다는 것이 어떤 의미인지 다시 생각하게 된 계기였다.

05
아이의 진로를 여는 AI 기반 역량 탐색법

2014년, 저자가 아들에게 처음으로 프로그래밍을 가르쳤던 순간은 그저 하나의 호기심으로 시작되었지만, 지금은 아들의 인생에서 중요한 전환점이 되었다. 당시만 해도 SW 교육의 필요성은 점차 강조되고 있었으나, 모든 아이들에게 보편적인 교육 과정은 아니었다. 그러나 세상은 빠르게 변했다. 저자는 직감적으로 앞으로 인공지능과 프로그래밍이 필수 능력이 될 것임을 깨달았고, 아들의 초등학생 때의 적성검사를 찾아보았다.

AI와 아이들?

자신의 재능을 스스로 찾기

우리 가정에서 일어난 일이 하나의 중요한 전환점이 되었다. 아이가 중학교 자퇴 후, 여러 고민 끝에 대안학교에 다니게 된 후에도 여전히 여러 문제와 갈등이 있었다. 부모로서 아이의 자율성과 독립성을 존중하고 싶었지만, 때로는 현실적인 문제와 경제적 상황에서 벗어날 수 없다는 사실이 아이와의 관계에서 부담이 되곤 했다.

대안학교에서 2주에 한 번씩 집에 올 수 있었는데, 어느 날 아이는 그날로 잡아 두었던 국비 과정 면접도 취소하고 짧은 문자만 남기고 자신의 대안학교로 돌아갔다. 이후 우리는 현관 비밀번호를 바로 그 날짜로 바꾸었다. 어떻게 생각하면 자신의 자아를 확실히 가진 날이기도 하고 우리 집에서도 중요한 날이라는 생각이었다.

그리고 며칠 후 집에 들어오려고 했던 아이는 기존 비밀 번호를 눌러 보다 당황한 마음에 우리에게 전화를 했다. 아이에게 현관 비밀번호를 알려 주고 여행 중이었던 우리 부부는 서둘러서 기차를 타고 집으로 향했다.

그 날 이후 사춘기가 된 동재가 자신이 하고 싶은 일이 아니라 부모님이 시키는 대로 인생을 살아 왔다며 힘들어했다. 그렇다면 아이의 적성과 재능은 어떻게 찾아야 할까?

AI 시대 아이가 가진 재능 찾기

AI 기술의 발전으로 인해 직업 환경이 급격히 변화하고 있다. 단순 반복적인 업무나 데이터 처리 작업은 AI가 대체할 가능성이 높아지고 있으며, 창의성과 감성 지능, 복잡한 문제 해결 능력이 요구되는 직업들이 더욱 중요해지고 있다. 이러한 변화 속에서 자녀의 적성을 파악하고 미래 직업과 연계하는 것은 매우 중요한 과제다.

우선 아이가 어떤 활동에 열정을 보이는지, 어떤 주제에 대해 끊임없이 질문하는지 등 아이의 관심사와 흥미를 관찰하는 것이 중요하다. 또한 학업 성적뿐만 아니라 예술, 운동, 대인관계 등 다양한 영역에서 어떤 강점을 갖고 있는지를 파악해 보는 것이 좋다. 전문적인 적성 검사를 통해 자녀의 성향과 능력을 객관적으로 평가하는 것도 중요하다.

부모의 의지대로만 살았다는 아들에게 예전에 아이가 했던 검사지들을 꺼내서 아이와 같이 보며 이야기를 나누었다. 초등학생 때 대학교 영재원을 다니며 받았던 다요인 지능검사, 진로발달 검사지를 보면 아이가 수리력과 도식화 능력이 뛰어난 좌뇌형 인간이라는 것을 알 수 있었다.

그리고 한 가지 주제에 대해 깊이 있게 관찰하고 탐구

하는 것을 좋아하는 스타일이라는 것도 알 수 있었다. 진로발달 검사에 추천 직업으로 프로그래머, 프로그램 기획자 등이 포함되어 있다는 점도 알 수 있었다.

결국 이 모든 검사지들을 통해서 부모가 원해서 본인을 끌고 간 것이 아니라, 본인의 적성에 맞기에 지금 하고 있는 공부(머신러닝)를 하고 있다는 걸 인지하게 된 아이는 더 이상 자신의 적성과 진로에 대해 고민하지 않게 되었다. 이런 객관적인 검사들은 훗날 아이가 자신의 진로와 적성에 대해 고민할 때 큰 도움이 될 수 있다.

또한 아이에게 여러 분야의 활동을 체험하고 자신의 적성을 발견할 기회를 제공해 주는 것도 좋다. 이 책에서 언급했던 AI와 관련된 다양한 교육과 캠프, 독서, 여행 등 아이가 스마트폰과 학원에서 벗어나서 오프라인에서 할 수 있는 다양한 활동을 하며 스스로에 대해 생각할 수 있는 시간을 주는 것은 아주 중요하다고 생각한다.

적성검사가 왜 중요한가?

AI 기술의 발전과 함께 미래 직업 환경은 급격히 변화하고 있다. 단순 반복 업무는 AI가 대체할 가능성이 커지고 있으며, 창의성, 감성 지능, 문제 해결 능력이 중요한 역량으로 떠오르고 있다. 이런 변화 속에서 자녀의 적성을 발견하고 이를 바탕으로 직업과 연계하는 것은 매우 중요하다. 부모는 자녀의 성격, 관심사, 학업 성적 외에도 예술, 운동, 대인관계 등 다양한 강점을 파악해야 한다.

적성검사는 자녀가 자신에게 적합한 분야를 선택하도록 돕는 중요한 도구다. 자녀가 적성을 이해하지 못한 채 부모의 기대나 사회적 통념에 맞춰 직업을 선택하는 경우가 많다. 적성검사는 자녀가 자기 자신을 알게 하고, 그에 맞는 직업을 찾을 수 있는 첫걸음이 된다. 예를 들어 많은 아이들이 성적이 우수한 과목에만 집중하려는 경향이 있지만, 적성검사는 다양한 역량을 평가해 자녀가 잘할 수 있는 분야를 발견하게 해 준다.

또한 적성검사는 미래 직업과 연계해 자녀에게 적합한 진로를 제시할 수 있다. 수리력이나 도식화 능력이 뛰어난 아이라면 프로그래머나 AI 개발자가 적합할 수 있으며, 대인 관계가 뛰어난 아이라면 소통을 요구하는 직업이 맞을 것이다. 이러한 객관적인 정보는 부모가 자녀에게 맞춤형 교육을 제공하는 데 도움을 주며, 자녀는 자신에게 적합한 길을 확신할 수 있게 된다.

적성검사는 자녀가 자기 자신을 발견하고, 부모와 함께 고민하며 적합한 교육 방향을 설정하는 데 유용하다. 이를 통해 자녀는 진로에 대한 자신감과 자존감을 키울 수 있으며, 부모와 자녀 간의 신뢰도 강화된다.

마지막으로 적성검사는 자녀가 미래의 유망 직업에 적응할 수 있도록 돕는다. AI 시대에 필요한 역량은 단순한 기술적 능력뿐만 아니라 창의력, 문제 해결 능력, 소통 능력이 포함된다. 부모는 자녀의 특성과 사회 변화를 이해하며, 자녀가 필요한 기술을 배우고 도전해야 할 분야를 제시할 수 있다.

결국, 적성검사는 자녀가 자기 자신을 이해하고, 미래에 필요한 역량을 개발하며, 변화하는 세상에 적응하는 데 중요한 역할을 한다. 부모는 이를 통해 자녀가 자신감을 가지고 미래를 준비할 수 있도록 돕는다.

AI 시대의 맞춤형 진로 탐색

자녀의 강점과 관심사를 발견했다면 이에 필요한 핵심 역량을 파악하고, 이를 키울 수 있는 교육 프로그램을 찾아 아이에게 교육의 기회를 주면 더욱 좋다. 요즘에는 온라인 교육 플랫폼, MOOC(Massive Open Online Courses) 등을 활용해 다양한 분야의 지식을 배울 수 있기 때문에, 아이와 함께 구글링을 하며 배우고 싶은 교육 프로그램들을 직접 찾아보면 더욱 좋겠다.

또한 아이가 관심 있어 하는 분야의 전문가가 지인이

나 친척이라면 실제로 만남을 주선하거나 직업 세계에 대해 들어 보게 하면 더욱 좋겠다. 우리 아이의 경우 아빠가 AI 분야에서 일하기에 관련 직업인들을 많이 만나 보게 하게 애썼다. 직접적인 만남이 어렵다면 유튜브, 독서 등을 통해 직업인에 대해 탐구해 보는 것도 좋겠다.

결론적으로, AI 시대의 진로 탐색은 아이의 적성을 정확히 파악하고, 이를 미래 유망 직업과 연계하는 것에서 시작한다. 그러려면 아이가 '나'에 대해서 생각해 볼 시간과 여유 그리고 경험을 제공하는 것이 가장 중요하다. 만약 이런 것들이 어렵다면 위에 언급한 다요인 지능검사, 홀랜드 진로 검사, 웩슬러 검사 등 다양하고 객관적인 검사들을 통해서 아이의 적성과 진로를 판단해 볼 수도 있다.

그러나 단순히 직업을 선택하는 것에 그치지 않고, AI 시대에 필요한 핵심 역량을 개발하고 지속적인 학습과 성장을 추구하는 자세가 가장 중요하다. 즉, 자신만의 고유한 가치를 발견하고, 변화하는 세상에 유연하게 대응하며 다른 사람들 혹은 AI와 소통하고 협력하고자 하는 것이 AI 시대의 진로 탐색에 핵심이라 할 수 있겠다.

06
가정에서 실천하는 AI 리터러시 키우기

디지털 시대를 살아가는 오늘날, 아이들에게 인공지능과 소프트웨어의 기초를 익히게 하는 것은 필수가 되었다. 특히, 교육부와 한국과학창의재단이 주관하는 무료 캠프인 '디지털 새싹'은 아이들이 방학을 의미 있게 보낼 수 있도록 돕는 중요한 프로그램이다. 이 캠프에 적극적으로 참여한 동재는 다양한 프로그램에 도전하며 머신러닝과 딥러닝에 대한 깊은 관심을 발견하게 되었다. 실습을 통해 데이터를 분석하고 AI 모델을 구축하는 방법을 익힌 것은 동재가 얻은 값진 경험이었다.

AI와 야구?

부모가 꼭 알아야 할 소프트웨어, 인공지능 무료 캠프

교육부와 17개 시도교육청과 한국과학창의 재단에서 시행하고 있는 무료 교육캠프 '디지털 새싹'. 일반 부모들은 잘 모르기도 하고 방학 때 학원 일정 등이 있어 참여가 어려운데, 동재는 대안학교 겨울 방학이었던 2023년 겨울에 8개의 캠프에 참여를 할 정도로 활발하게 이용했던 교육 프로그램이다.

동재는 디지털새싹 미디어아트 해커톤캠프, 광운대 AI 프로그래밍(기초): 벡터와 머신러닝, 파이썬 인공지능 드론, AI를 활용한 파이썬 드론, 데이터 마이닝과 AI & 데이터 분석 등 다양한 프로그램에 참여했다.

그리고 다양한 분야의 강의를 들으며 동재가 가장 좋아하고 흥미로워하는 것이 머신러닝, 딥러닝에 대한 것이라는 사실을 알게 되었는데, 이게 디지털 새싹 캠프를 통해 얻은 가장 큰 성과라고 할 수 있다.

디지털 새싹 데이터 과학자를 위한 전문교육: 데이터 마이닝, A.I & 데이터 분석, 데이터 과학자

디지털 새싹 홈페이지에 적힌 데이터 마이닝 교육 내용

은 아래와 같다.

프로그램 주요내용:

데이터 분석 직업과 관련 기술 학습

미래 직업을 소개하는 인포그래픽 제작

Python 모듈 설치, Jupyter Notebook 사용법, Markdown 문서 이해

서울열린데이터광장에서 청소년 정신건강 데이터 확보 및 분석

Pandas 사용법과 matplotlib을 이용한 그래프 그리기

운동량 데이터를 분석하고 파이썬 리스트 학습

인터넷 데이터 수집 및 pandas로 데이터 처리

얼굴인식 API와 이미지 처리, 유명인 비교

타이타닉 생존자 예측 모델 수립

데이터 분석 결과 발표 및 프로젝트 진행

가장 먼저 파이썬 기초 및 청소년 정신건강 데이터 분석을 위한 작업을 시작했다. 첫 번째 작업에서는 pandas, numpy, matplotlib 모듈 사용법을 배우고, xls 파일에서 데이터를 추출해 원형 그래프로 시각화했다.

두 번째 작업에서는 xls 파일에서 원하는 데이터만 추

출해 분석을 진행했다. 이를 통해 데이터를 필터링하고, 분석에 필요한 핵심 정보만 추출하는 기술을 익혔다.

세 번째 작업에서는 AI를 이용해 난초의 세 종류를 꽃잎 크기를 기준으로 분류했다. sklearn 모듈의 DecisionTreeClassifier를 사용해 난초 분류 모델을 만들었다.

네 번째 작업에서는 원래 네이버의 클로바 얼굴인식 기능을 사용할 예정이었으나, 해당 기능이 종료되어 대체 작업으로 타이타닉 생존 확률을 계산하는 AI를 개발했다. 타이타닉 생존자 데이터를 바탕으로 생존에 영향을 미치는 요소들을 분석했다.

AI는 주어진 데이터를 기반으로 생존 확률을 예측하도록 학습했다. 성별 데이터는 오류로 포함되지 않았으나, 나머지 요소들을 활용해 예측을 진행했다. 이 작업을 통해 데이터를 다루고, AI에게 학습시키는 경험을 쌓았다. 캠프의 주요 목적은 데이터 과학 및 AI 학습을 통한 실무 능력 향상이었다. 데이터 분석의 기초부터 고급 분석까지 다양한 작업을 수행했다. 주어진 문제를 해결하기 위해 데이터 전처리 및 모델링 기술을 익혔다. 이 캠프에서는 실질적인 데이터 분석 경험을 쌓을 수 있었다. 이러한 데이터 분석 경험은 데이터 과학자 및 AI 엔지니어로서 성장하는 데 매우 유용했다.

디지털 새싹 광운대 AI 프로그래밍(기초): 벡터와 머신러닝

이번 캠프는 10시부터 5시까지 진행했다. 그리고 이론이 80% 비중을 차지할 정도로 좀 많았다. 인공지능의 역사, 뉴런과 퍼셉트론 등등을 배웠다. 그러고는 기초 수학도 배웠다. 머신러닝과 딥러닝에 큰 역할을 하는 벡터와 스칼라도 배우게 됐다.

솔직히 이제 와서 이해하니까 내가 혼자 공부하며 이해한 거랑 좀 많이 다른 것 같다. 어쨌든 벡터 간의 곱셈, 스칼라의 트랜스 포지션 등등의 연산들도 배웠다.

간단하게 벡터가 머신러닝 등에 어떻게 사용되는지 설명하자면, 번역에서는 단어 하나하나에 벡터를 부여하고, 그 벡터들을 사전처럼 저장해서, 다른 언어의 벡터 사전과 맞춰 보는 것이라 할 수 있다. 그림을 인식하는 때에는 그 이미지 자체를 거대한 벡터로 만들고, 그 벡터를 축소시켜 학습하기도 한다. 벡터는 머신러닝에서 상당히 중요한 부분이다. 또한 선형 회귀 및 로지스틱 회귀 등등을 코딩해 보고 딥러닝도 살짝 해 봤다. 전체적으로 엉덩이가 상당히 아프긴 했지만, 배운 건 많은 것 같다.

AI와 체스 두기: 챗GPT

요즘에는 챗GPT를 사용해 체스를 두고 있다. 좌표 표현 기법으로 체스를 두자고 제안하자 챗GPT는 흔쾌히 수락했고 능숙하게 같이 체스를 뒀다. 수많은 판들을 같이 해 본 결과 챗GPT는 코딩을 이용해 판의 형태를 텍스트로 만들었고, 초보 체스 플레이어들은 모르는 캐슬링 같은 규칙들을 능수능란하게 사용했다.

하지만 그렇게 체스를 잘 두는 편이라 볼 수는 없었다. 분명 상황을 완벽하게 파악하고 있지만, 불가능한 수를 두는 등의 이상한 모습을 보이기도 했다. 그렇다고 해서 챗GPT가 체스를 못 두는 것은 아니었고, 규칙을 잘 아는 전형적인 로봇의 플레이를 보였다. 물론 챗GPT가 체스 전용 AI가 아니기에 그런 것도 있겠지만. 결론적으로 내가 이번에는 체크메이트로 이겼지만, 챗GPT가 무시무시한 데이터베이스를 이용해 체스 전용 AI로 학습된다면 매우 강력한 상대가 될 것이라 본다.

챗GPT를 활용한 코딩 문제 풀이 전략

코딩 문제를 푸는데, 내가 모르는 자바 언어라서 아빠에게 답을 물었더니, 이 기회에 챗GPT에게 물어보라 해서 한번 물어보았다.

일단 코드는 간단한 내용이었는데, num을 10이라 설정하고 세 개의 변수를 만든다. sub, mod와 sum이다. 이들은 각각 num에 10을 곱한 뒤 20으로 나눈 숫자를 각각 num에서 빼거나 나머지를 구한 변수들이다. 그리고 이들은 더한 것이 sum이지만 사실은 이 코드는 함정이다. 사실상 위의 함수만이 의미가 있고 아래는 그냥 아무 의미도 없다 보면 된다.

하지만 자바에 대해서 아무것도 모르던 내게는 정답이 틀린 것처럼 느껴졌고, 직접 코딩을 해도 이유를 몰랐었다. 하지만 챗GPT에 물어보니 정확하게 무엇이 어떻게 해서 뭐가 일어났는지, 결론적으로 무엇이 나왔는지 말해 주었다.

이 문제는 결론적으로 아래의 연산으로 값을 위로 돌려주지만, 마지막에는 10의 값을 출력하는 나 같은 초보자에게는 까다로운 함정이다. 이처럼 문제의 이해가 어렵거나 풀 수 없다면 챗GPT의 도움을 받아 보는 것도 좋은 생각이라 생각한다. 그냥 풀이를 보는 것보다는 챗GPT를 활용하는 것이 이해하기도 쉽고 빠르기 때문이다.

인공지능은 상당히 발전했다. 사람이 쓸 법한 다양한 문장 구조들과 코딩부터 법학과 의학까지의 방대한 지식을 가진 인공지능의 대표 주자가 이 챗GPT다. 만일 당신이 챗GPT를 쓸 줄 모르면, 당신에게는 불리한 점들이 많아질 것이다. 모두가 AI에게 물어보며 우수하고 간단한 답들을 낼 때 약간의 고생에 시달릴 수도 있기 때문이다.

챗GPT와 미드저니를 활용해 한국 동화책을 만들다

23년 3월에 아빠와 함께 챗GPT와 미드저니를 이용해서 책을 만들었다.

> "Korean Fairy Tale Tiger and Friends: 한국 동화 호랑이와 친구들 Kindle Edition, by dongjae baeck (Author), namjeong baeck (Author)."

나는 말이다, 돈과 명예 중에 택하라 하면 명예를 택할 사람이다. 결국 돈을 벌어서 하고 싶은 것이 내 명예를 뽐내는 것이기 때문이다.

그런 만큼 나는 책이나 글을 내는 걸 좋아한다. 그것도 내 이름이 딱 저자 첫 번째에… 엄청난 영광이다, 무슨 책이든. 하지만 책을 만드는 작업은 시간이 많이 걸리는 작업이다. 자 이제 책 쓴 내용을 애기해 보겠다.

아빠와 같이 책을 쓰는데, 처음에 한 것은 인공지능으로 그림을 그리는 작업이었다. 챗GPT가 쓴 동화의 내용을 미드저니에게 요청했다.

이제 인공지능으로 그림을 그리는 작업을 시작했다. 챗GPT가 쓴 동화의 내용을 미드저니에게 요청했다.

질문) /imagine prompt: "The tiger and his friends, the wolf, the fox, the rabbit, the elephant, and the squirrel, now greet each other and decide to go their separate ways. But the tiger and his friends have learned to accept each other's differences and diversity, and have become good friends who can understand and live together. They wished each other happiness and hoped to meet again anytime. And they lived happily in the forest, enjoying their own lives."

미드저니나 AI로 그림을 그리는 솔루션들은 대부분 영어 기반의 문화를 배경으로 하고 있기 때문에 한국적인 느낌을 위해서는 프롬프트에 "한국적인 스타일" 등이 들어가는 것이 좋다. 그래서 미드저니에게 좀 더 디테일하게 상황을 설명하고 4개의 이미지 중 하나를 확대해 달라고 했다.

이렇게 만들어진 그림은 동화책에 넣어서 책을 구성했다. 영어로 만들어진 동화책 내용을 미드저니에 이미지로 만들어 달라고 요청하고, 다시 그 내용을 챗GPT에게 번역해 달라고 하거나 구글 번역을 사용해서 동화책 내용을 구성했다.

동화책인데, 다양성과 이해란 주제를 바탕으로 두고 천천히 만들어 나갔다. 미드저니란 그림 생성 AI를 활용해서 표지를 만들었다.

그리고 간단한 설명과 그림을 덧붙여 가며 책을 완성해갔는데, 생각 외로 귀찮은 작업이었다. 아마존에 파는 만큼 해석도 붙여야 하는 등의 작업이 있었다.

하지만 AI를 활용했고, 아버지의 도움을 받은 만큼 쉬운 점도 많았다. 아마존에 등록하는 과정 등에서는 아버지에게 도움을 받은 게 많다. 어쨌든 이렇게 AI를 활용해 책을 써 봤다. 정말 귀중한 경험이었던 것 같다.

07
미래를 준비하는 연령별 AI 학습 설계

동재 엄마는 중학교에서 오랜 기간 국어 교사로 근무하며, 아이 교육에서 중요한 것은 기초를 다지는 것이라 믿어 왔다. 초등 저학년까지는 경제 교육과 엄마표 영어로 언어의 기초를 다졌고, 아빠는 블록 코딩과 정보 윤리 교육을 통해 아이가 디지털 환경에서 안전하게 탐구할 수 있도록 지도했다. 이러한 기초 교육이 훗날 아이가 다양한 분야에서 성장하는 데 중요한 역할을 하게 되었다.

AI와 윤동주?

초등학교 저학년까지: 엄마표 영어와 아빠표 코딩

엄마인 나는 중학교에서 국어 교사로 오래 근무해 왔다. 우선 내 입장은 모든 엄마표 공부의 끝은 초등학교 저학년이라는 것이었다. 아무리 착한 아이라도 자기의 주관이 생기고 고집이 생기는 중학년 이후에는 엄마표 공부가 적용이 어렵다고 보았기 때문이다.

초등 저학년 이전에 '고기를 낚는 법'을 가르쳐 주고 그 이후는 실행착오를 일으키든 승승장구를 하든 '어릴 때 배운 고기 낚는 법'으로 아이 스스로 고기를 낚는 것을 지켜봐 주어야 한다는 입장이었다. 방법을 알려 준 후에는 아이가 독립적으로 고기를 낚도록 돕는 것이 효율적이라 판단했고, 그래서 나는 정확히 10살까지만 아이에게 영어를 직접 가르쳤다.

영어는 언어이기 때문에 많은 노출이 필요하다. 미국 혹은 영국 아이들이 영어 시간에 노출되는 것과 똑같은 노출은 어려우니 생각한 것이 유치원 시기부터 초등학교 저학년 시기까지 하루 3시간 정도의 노출이었다(사실 3시간은 영어 유치원에서 영어를 공부하는 아이들이 영어에 노출되는 최소 시간을 기준으로 한 것이었다).

워킹맘인 나는 출근하기 전까지의 자투리 시간을 요

긴하게 사용하곤 했다. 별 건 없고 아침에 등원, 등교를 준비하는 시간 동안 영어 동영상을 켜 주곤 했다. 아이는 오가면서 이를 닦으면서 영어 영상을 보다가 학교에 갔다.

집에 돌아오면 역시 저녁을 준비하는 동안 영어 영상을 틀어 주었는데 그냥 틀어 줄 때도 있었고 영어 화면 없이 소리만 나오게 영어 CD를 틀어 줄 때도 있었다(아이 눈이 나빠질까 걱정이 되었기 때문이다). 막상 집중해서 읽고 듣는 시간은 한 시간이 채 안 되었지만 자투리 시간이 모이면 너끈히 세 시간은 되었던 것이다.

아이의 영어 발달 단계에 따라 듣기를 주로 권하는 유치원 저학년 시기에는 평소에 집에서 보는 TV나 유튜브 시청을 영어로 보게 했고 이후에는 아이의 발달을 관찰하면서 듣기, 말하기, 읽기, 베껴 쓰기의 비중을 조정해 나갔다.

아이의 수준에 따른 교재는 주로 『잠수네 커가는 아이들』의 사이트와 책을 참고했으며 이렇게 '가랑비에 옷 젖듯이' 꾸준히 지속했던 3년의 영어 공부는 훗날 아이가 코딩을 하거나 AI를 공부할 때, 해외 대학에 입학할 때 큰 도움이 되었다.

아빠표 블록 코딩과 정보 윤리 기본 교육

이 시기에는 블록 코딩을 통해 자녀가 코딩의 기초 개념을 쉽게 접할 수 있도록 해야 한다. 스크래치(Scratch)나 엔트리(Entry)와 같은 도구를 사용해 아이가 간단한 게임과 애니메이션을 만들며 창의력을 발휘할 수 있도록 돕는다. 또한 code.org와 같은 온라인 플랫폼을 활용해 다양한 코딩 프로젝트를 진행한다.

이 시기의 중요한 점은 정보 윤리 기본 소양 교육이다. 아이가 인터넷을 안전하게 활용하고, 스마트폰 과의존을 예방할 수 있도록 인터넷 윤리 교육과 스마트폰 과의존 예방 교육을 진행해야 한다. 유튜브 배움나라와 같은 교육 플랫폼을 통해 부모와 함께 학습할 수 있다.

영어 교육은 엄마표 영어를 통해 자녀가 자연스럽게 영어를 익힐 수 있도록 돕는다. 이를 통해 영어 코딩을 배우며 영어 실력을 동시에 키울 수 있다. 또한 매년 6~7월에 열리는 온라인 코딩 파티에 참여해 다른 아이들과 함께 학습하며 즐거운 경험을 쌓도록 한다.

~13세: 파이썬 코딩과 개인정보 보호

13세 이전에는 파이썬(Python)을 학습해 텍스트 기반 코딩으로 넘어가는 시점이다. 아이는 기본적인 프로그래밍 문법을 배우고, 간단한 코딩 프로젝트를 통해 더 복잡한 문제를 해결하는 경험을 하게 된다. 이때 비밀번호 관리와 같은 정보 보호 기초 교육을 통해 안전한 디지털 환경을 이해하고 실천할 수 있도록 지도해야 한다. 개인정보보호포털의 어린이 개인정보보호 교육을 활용하면 자녀가 자신과 타인의 개인정보를 안전하게 보호하는 방법을 배울 수 있다.

또한 칸 아카데미에서 제공하는 다양한 프로그래밍 및 수학 강의를 통해 아이는 코딩뿐만 아니라 수학적 사고도 동시에 발전시킬 수 있다.

'온라인 코딩 파티'는 과학기술정보통신부, 교육부, 한국 과학 창의재단 주최로 누구나 쉽고 재미있게 소프트웨어와 인공지능 교육을 체험할 수 있게 매년 새롭고 다양한 프로그램으로 구성해 진행되는 대국민 체험 행사다.

2015년부터 매년 2회씩 온라인으로 개최되고 있으며 보통 시즌 1은 6월, 시즌 2는 11월에 시작하며 6주 동안 진행된다. SW 중심 사회 홈페이지(https://software.kr)에서 대회 일정을 확인할 수 있으며 무료로 참여할 수 있다.

이렇게 다양한 활동으로 코딩에 대한 흥미와 관심을 갖게 한 후 초등학교 고학년 때에는 본격적인 프로그래밍 언어를 가르쳤다. 유튜브, 인스타그램과 같은 인기 플랫폼을 만드는 데 쓰인 파이썬을 중점적으로 가르쳤는데, 비교적 쓰기 쉽고 많이 사용하는 언어이기 때문이다. 또한 인공지능 분야에서 사용되는 주요 언어 중 하나이기도 해서 언어 중 하나만 배운다면 파이썬을 추천한다.

스크래치, 엔트리는 웹사이트에서 바로 실행하면 되지만, 개발에 많이 쓰이는 C와 파이썬은 자신의 컴퓨터에 환경을 설정해야 한다. 이클립스에 깔아서 하기도, 비주얼 스튜디오에서 깔아서 하기도 하는 것 같은데, 그래도 가장 윈도우 CMD 창처럼 보이는 것이 MinGW라서 그걸 깔아서 가르치기로 마음 먹었다.

개발 환경을 설치하긴 했지만, C, 파이썬은 내 전문 영역이 아니라서 내가 아이를 직접 가르치진 못했다. 대신 부스트코스(https://www.boostcourse.org/)의 무료 온라인 강의를 듣게 하고 아이가 궁금해하는 데이터 크롤링 같은 세부적인 내용은 숨고에서 온라인 과외를 받게 했다. 숨고에서 아이의 코딩 교육에 대한 견적 요청을 받아서 강사 몇 명에게 연락을 받고 1회차 무료 강의를 들은 후 강사를 선택했다.

공부에는 재미가 가장 중요했기 때문에 아이가 코딩

에 재미를 잃지 않게 하려 애썼다. 파이썬으로 프로그래밍도 가능하고 하드웨어를 붙여서 동작시킬 수 있는 '라즈베리파이'라는 조그만 컴퓨터를 구입해 신호등을 켜는 간단한 프로그래밍을 해 보기도 했다.

16세: 심화 코딩과 정보 보호, 해킹 교육

16세가 되면 파이썬과 C 언어를 본격적으로 학습해 복잡한 알고리즘과 프로그램을 작성하는 능력을 기른다. 이 시기에는 정보 보호 교육과 해킹 교육을 통해 디지털 보안과 관련된 심화 지식을 습득할 수 있다. 산업인력공단 정보처리기능사 자격증을 취득하면 실무에서 사용할 수 있는 기초적인 정보기술(IT) 능력을 갖추게 된다.

이 외에도 깃허브(GitHub)를 활용해 자신만의 파이썬 코드를 올리고, 오픈소스 프로젝트에 참여하는 경험을 쌓을 수 있다. 이를 통해 아이는 실전 경험을 얻으며 협업 및 코딩 실력을 향상시킬 수 있다.

사이버 가디언즈 캠프나 디지털 새싹 프로그램과 같은 중학생 대상의 캠프에 참여하면 현업 전문가들과 직접 소통하며 실무 능력을 쌓을 수 있다.

17세: 머신러닝과 AI, 고급 정보 보호 교육

17세가 되면 파이썬과 머신러닝을 심화해 실제 인공지능 기술을 배우기 시작한다. KT AICE BASIC 머신러닝 자격증을 취득하고, KISA 개인정보보호 리더 양성 캠프와 같은 프로그램에 참여해 AI 기술과 개인정보 보호에 대한 심도 있는 교육을 받을 수 있다.

이 시기에는 자녀가 직접 챗GPT와 같은 AI 도구를 활용해 코딩을 하거나 영어 회화를 연습하는 등 AI를 실생활에 접목할 수 있는 능력을 키운다. 또한 디지털 새싹 프로그램에서는 드론과 파이썬 코딩을 함께 배우며, AI 캠프에서는 더욱 전문적인 AI 이론과 실습을 진행한다.

이때 자녀가 인공지능 분야에 대한 깊은 관심과 능력을 개발하면, 향후 AI 전문가로서 진로를 설정할 수 있는 기회를 가질 수 있다.

또한 코딩의 기본 개념을 쉽게 알려 주는 블록 코딩도 놀이 삼아 하게 했다. 남자아이라서 게임을 좋아했기 때문에, 스크래치, 엔트리 등으로 만들고 싶은 게임을 만들며 놀게 했다. 블록 코딩의 경우 시중에 나와 있는 책들도 많고 비교적 간단한 편이기 때문에 집에서 엄마, 아빠가 가르치는 것이 가능하다. 무엇보다도 코딩이 흥미로운 것이라는 느낌을 주는 것이 중요하다고 생각한다.

동재는 스크래치의 제어 기능을 사용하여 IF라는 개념을 배우고 IF 명령어를 활용해 캐릭터들에게 명령을 내리고 실행하는 것을 아주 재미있어했다. 나중에는 배경 화면도 구성하고 음향도 선택해서 제법 그럴싸한 게임을 만들었다.

08
부모와 함께하는 실생활 AI 프로젝트 5선

IT 업계에서의 경험을 더 가까이 체험하고, 현실적인 조언을 얻기 위해 IT 업종에 종사 중인 다양한 직업인들을 직접 인터뷰하기로 했다. IT 스타트업 대표, 클라우드 개발자, 웹 개발자 등 각기 다른 경로를 걷고 있는 사람들과의 만남을 통해 아이가 실무적 감각을 기를 수 있었다. 이러한 만남은 막연한 꿈을 구체화하는 데 큰 도움이 되었고, 무엇보다 현실적 도전 정신을 심어 주는 계기가 되었다.

AI와 한의학?

IT 업종에 종사 중인 다양한 직업인들을 직접 인터뷰하다

정말 하고픈 일이 있으면 인터넷에서 그 일에 대한 정보를 모으고 검색하기보다는 직접 그 일을 하는 사람을 만나서 조언을 구해 보고 현실 감각을 키우는 것이 더 도움이 된다. IT를 생활 속에서 배우며 막연히 IT 기업의 CEO가 되겠다는 꿈을 갖고 있는 아이에게 진짜 CEO가 뭔지 보여 주는 것이 중요하겠다는 생각이 들었다.

그래서 아빠인 내가 자문을 해 주고 있는 스타트업 대표를 만나 보게 해 주었다. 아직 30대인 대표는 원래 서울대학교 의학 대학원을 나온 수재인데, 어느 날 대학원 공부를 접고 뜻을 같이하는 친구들과 함께 블록체인 보안 스타트업을 창업했다.

안정적인 길, 수입이 보장된 길(창업을 같이한 분들이 대부분 대기업에 다녔다고 함)을 마다하고 시작한 스타트업. 처음에는 많이 고생을 한 것으로 알고 있는데, 지금은 서울대학교에서 투자를 받는 등 사업이 본격적인 궤도에 오르고 있다고 했다.

왜 창업을 했냐는 아이의 물음에 대한 대표님의 대답이 인상적이다. 그는 자본주의의 구성원으로 살고 싶어서 창업을 했다고 했다. 고용되는 것만으로는 한계가 있다고 했다. 스타트업 대표가 되려면 무엇을 준비해야 하냐는 아이의 물음에 대한 대표의 대답도 인상적이었다. 그의 대답은 다양한 것을 보고 관심을 가지며 질문을 던져 보라는 것이었다.

인터뷰를 하기 전 인터뷰 대상과 회사에 대해 조사하고 질문들을 생각해 보면서 아이의 생각도 한 뼘 더 커 있다는 것을 느꼈다. 그 밖에도 나는 컴퓨터 시스템 응용 기술사, 아마존 시니어 클라우드 아키텍처 등 주변의 다양한 직업군의 지인들에게 아이와의 인터뷰를 부탁해서 아이에게 다양한 직군의 사람들과 대화할 기회를 제공했다.

머신러닝을 활용해서 게임 유닛 스탯 예측하고 깃허브에 올리기

디지털새싹에서 머신러닝에 대해 배운 후, 게임의 데이터를 응용해서 머신러닝 코드를 짜 보고 싶은 충동이 생겼다. 데이터를 모으는 것부터 코딩까지 그 과정에 대해 써 보려고 한다.

우선, 이 머신러닝 코드의 목적은 주어진 8개의 스탯을 가지고 게임 유닛의 클래스가 8개의 클래스 중에 무엇일지 예측하는 것이다. 제일 중요한 점은 데이터다.

데이터를 학습시키기 위해서 좋은 포맷은 엑셀 시트나 메모장, 아니면 직접적으로 코드에 쓰는 것이다.

나는 엑셀도 없고, 메모장으로 불러오다가 모듈의 에러가 나면 복잡하기에 직접적으로 리스트를 코드에 입력하기로 했다. 물론 존재하는 모든 게임 유닛의 8개의 스탯을 손으로 입력한다는 것은 미친 일이나 다름없다. 유닛만 해도 280개에, 각각 형태가 다른 8개의 스탯을 어떻게 모을지 생각해야 했다.

어느 스텟은 초-중-대처럼 정도로 나타냈지만, 다른 스탯은 숫자, 소수 등이 있어 이걸 모두 같거나 비슷한 형식으로 만들어야 했다. 그리고 이 모든 정보가 모인 사이트도 필요했다.

운 좋게도 정렬 순서도 정할 수 있는 사이트를 찾아 모든 스탯을 복사하고, 숫자가 아닌 스텟을 0, 1, 2와 같이 변환하기 위해 또 코드를 짰다. 이렇게 스크롤해도 10초가 걸리는 거대한 리스트가 만들어졌다. 학습 자체는 쉬웠다. sklearn 모듈을 사용해서 데이터를 학습시키고, 정확도를 받았다. 79~82%를 왔다 갔다 했다.

아는 형에게 랜덤한 스탯을 줘 보라고 해서 예측했는데, 맞혔다. 그 외에도 4번 더 했지만 5번에 걸쳐 단 한 번 틀렸다. 뭐, 까다로운 클래스였으니 그럴 만도 했다.

그리고 이 코드를 깃허브에 올리기로 했다(깃허브 주소: https://github.com/VectorSophie/Arknights-ClassPredictor)

웹 개발자 교육 과정 최종 합격한 동재

찾아보면 찾아볼수록 우리나라에서는 IT로 취업하려는 취준생들을 위해 무료로 다양한 양질의 교육 과정을 운영하고 있음을 알 수 있다.

물론 과정이 무료이다 보니 선발 과정이 존재하는데 동재가 지원했던 클라우드 개발과 웹 개발 과정 역시 서류 심사, 온라인 테스트, 오프라인 테스트와 면접이 이루어졌다. 자기 소개서는 성실하게 썼고 온라인 테스트는 오픈북이라 두 과정 다 무난히 통과했지만 오프라인 테스트와 면접이 문제였다. 아직 17세밖에 안 됐기 때문에 얼굴이 너무 어려 보이는 것, 대안학교 출신이라는 것 등이 마음에 걸렸다.

까만 여름 정장 바지에 검은 반팔 티셔츠, 검은색 슬립온 차림으로 면접을 보냈다. 한 곳은 교육원, 한 곳은 본사에서 면접을 봐서(이곳은 교육과정을 우수하게 수료한 사람은 본사 혹은 계열사에 취업을 시켜 주는 케이스였음) 동재는 11시 30분부터 4시까지 두 곳을 오가며 면접을 보았다.

가는 길에 우산을 안 챙겨 가서 교육원에서 보는 면접은 비를 쫄딱 맞은 후 면접을 보기도 했다고 한다. 본사에서 면접을 본 클라우드 과정은 면접을 36세의 구직자와 함께 봤다고 했다.

아무튼 왜 학교를 그만뒀냐는 이야기가 나오고 다양한 이야기가 나왔다고 한다. 결국 취직을 전제로 교육과정을 운영하는 클라우드 과정은 최종 면접에서 불합격했다.

너무 어린 나이가 흠이 된 것 같다. 교육 후 바로 취업을 시키기는 어렵다고 본 것 같다. 하지만 웹 개발 과정은 합격했다. 면접을 볼 때 강사님이 동재에게 공부를 좋아하는 것 같은데 대학을 가지 그러냐고 이야기해서, 동재가 자신은 책상 앞이 아닌 전쟁터에서 실전을 익히고 싶다고 이야기했다고 했는데 그런 아이의 적극적인 모습을 좋게 봐주신 것 같다.

이 과정은 수강생 10명이 카카오 개발팀장 출신인 강사와 보조 강사와 함께 과외처럼 웹 개발의 전반적인 구성을 다 배워 보는 과정이다.

소수 인원이라는 점, 오후 2시부터 수업으로 비교적 일정이 자유로운 점 등이 마음에 들고, 강사님이 상위

1% 프로그래머를 육성할 것이라고 각오가 대단하신 만큼 많은 걸 배울 수 있을 것 같아 마음에 든다. 일정은 8월부터 내년 1월까지다. 프로그래밍의 전반적인 것을 배우고, 그 다음에는 AI나 보안 등 본인의 관심 분야를 배우면 좋을 것 같다.

9월부터 시작하는 싱가폴 대학 온라인 디플로마 코스도 오전에 진행할 수 있어 좋을 것 같다. 대학생 혹은 대졸자들이 대부분일 것 같은데 형, 누나들과 잘 지내고 적응 잘하고 본인만의 포트폴리오를 잘 쌓아 나가는 동재가 되길 바라 본다. 열심히 배우고 일하고 싶다는 아들.

영어 회화는 챗GPT 스마트폰 앱을 활용하자

영어 공부의 중심은 실상 억양도 어법도 아닌 반복에 담겨 있다 생각한다. 나는 영어 문법 단 하나도 모르며, 그저 다양한 매체로 영어를 계속 접해 왔기에 이럴 수 있는 것이다.

나는 매일 영어로 혼잣말을 하기도 하고, 콘텐츠도 영어만 보는 등 다양한 노력을 해 보지만, 제일 좋은 경험은 역시 네이티브와 대화해보는 것이다. 산티아고 순례를 할 때에 네이티브이신 캐나다분과 대화하면서 내 억양이 자주 바뀐다는 것, 가끔 말이 꼬인단 사실 등등을 자각했다.

재밌게도 챗GPT에는 음성 대화 기능이 있어서 재밌게 활용할 수 있었다. 영어로 대화할 만한 상대가 없을땐 얘를 켜서 대화를 하곤 한다. 주로 챗GPT 자체의 코드나 역사, 억양에 대해 얘기하는데, 코드는 아쉽게도 AI가 자기 자신의 코드에 접근 권한이 없어서 많이 알아내진 못했다.

구글 커뮤니티에서 하는 Build with AI 행사 참여하기/구글 머신러닝 부트 캠프 도전하기

아빠와 함께 구글에서 하는 Build with AI 행사에 참가했다. 대안학교에서 귀가하는 주말이라 참여가 가능했다. 참여 인원도 많았다. 대략 300명 정도 되어 보였다. 물론 그중에서 최연소는 높은 확률로 나인 것 같았다. 나이대는 다양해 보였다.

나는 핸즈온 세션을 예약해서 큰 홀보다는 작은 곳으로 갔다. 보니까 핸즈온 세션은 실습을 하고 테크톡 세션은 강의를 듣는 것 같았다. 핸즈온 세션은 강의가 세 개 있었는데, 첫 강의는 제미나이(Gemini) 및 빅 쿼리(big query)를 사용해 데이터 사이언스를 효율적으로 하는 실습이었다.

구글 클라우드에서 제공하는 강의였으므로 전부 영어였고, 빨리빨리 민족의 계승자답게 난 닥치는 대로 빨리 문제를 해결했다. 그 결과 시간을 19분을 남긴 채 유일하게 강의를 100% 수강한 사람이 되었다. 나와서 선물을 받았는데, 라즈베리파이, 목공 조립 세트 중에 고르라고 해서 당연히 라즈베리파이를 골랐다.

또한 구글 머신러닝 부트캠프에 지원을 하기도 했다. 간단히 설명하자면, 이 부트캠프는 머신/딥러닝에 관련해 온라인으로 수강할 수 있는 프로그램이다. 당근이나 넥슨 같은 메이저 기업들이 참가하는 만큼 그 규모가 크다. 그리고 지원서도 되게 길게 써야 했다.

하지만 내 눈에 띈 것은 그보다도 지원서에 있던 코딩 레벨 테스트였다. 문제를 푸는 것도 그리 오랜만은 아니었다. 하지만 내가 직접 코딩을 하는 것이 아닌 이상, 코드 자체에 대한 이해도는 높기 때문에 괜찮았다.

예를 들어 숫자 n에 대한 n번째 피보나치 숫자를 구하는 다양한 프로그램 기법들과 그들에 대한 문제, 에러 메시지를 보고 그에 대한 정보를 알아내는 것 등등. 이런 문제를 풀어 본 적은 없었지만, 내가 나의 제일 큰 장점이라 생각하는 '반복과 규칙성에서 정답을 찾는 능력'이 조금은 실용성이 있었던 것 같다.

09
디지털 시민으로 성장하는 아이를 위한 AI 윤리 교육

많은 청소년들은 자신이 제공하는 데이터가 어떻게 사용되는지에 대해 충분히 인식하지 못한다. 예를 들어 스마트폰 앱이나 소셜 미디어에서 위치 정보, 대화 내용, 관심사 등이 수집되는데, 이 정보들이 광고 회사나 제3자에게 제공될 수 있다는 사실을 알지 못하는 경우가 많고, AI로 인해 다양한 문제들이 생길 수 있다는 것도 잘 모르고 있다.

AI와 화장품?

청소년들의 AI와 디지털 윤리: 책임감 있는 사용을 위한 교육

프라이버시와 개인정보보호

디지털 시대에서 프라이버시와 개인정보 보호는 가장 중요한 윤리적 문제 중 하나다. 청소년들이 사용하는 많은 소셜 미디어 플랫폼과 게임은 개인정보를 요구하고, 그 데이터를 광고 타기팅과 개인 맞춤형 서비스 제공에 활용한다. 그러나 많은 청소년들은 자신이 제공하는 데이터가 어떻게 사용되는지에 대해 충분히 인식하지 못한다. 예를 들어 스마트폰 앱이나 소셜 미디어에서 위치 정보, 대화 내용, 관심사 등이 수집되는데, 이 정보들이 광고 회사나 제3자에게 제공될 수 있다는 사실을 알지 못하는 경우가 많다.

이러한 문제를 해결하기 위해서는 청소년들에게 프라이버시와 개인정보 보호의 중요성을 알려 주는 교육이 필요하다. 그들은 어떤 정보가 중요한지, 어떤 정보를 공유하지 말아야 하는지, 데이터 보호의 책임이 누구에게 있는지에 대해 명확하게 인식해야 한다.

AI의 편향성 문제

AI는 알고리즘을 통해 데이터를 분석하고 결정을 내린

다. 그러나 AI는 학습 데이터에 따라 편향될 수 있다. 예를 들어 AI가 과거의 데이터를 기반으로 학습할 때, 그 데이터가 성별, 인종, 연령 등에 따른 편향을 포함하고 있으면, AI의 결정도 그에 따라 왜곡될 수 있다. 이는 청소년들이 AI 기술을 사용할 때 불공정한 결과나 차별적인 대우를 받을 수 있다는 위험을 내포하고 있다.

유명한 데이터 편향성은 2014년부터 AI 기반 채용 시스템을 만든 아마존이 대표적이다. 아마존의 시스템은 지원자의 이력서를 분석해 채용에 적합한 후보자를 선별하는 역할을 맡았다. 그러나 2018년, 아마존은 이 AI 시스템을 폐기했다. 그 이유는 AI가 여성 지원자에게 불리하게 작동했다는 것이다. AI는 과거 10년간 아마존에서 채용된 이력서를 학습 데이터로 삼았는데, 당시 대부분의 개발직 채용은 남성이었다. 결과적으로 AI는 남성 중심의 언어, 예를 들어 '남고', '남자 체육부', '리그 챔피언' 등의 키워드를 긍정적으로 평가했고, '여성', '여대' 등의 표현이 포함된 이력서는 부정적으로 평가하였다. 이는 데이터에 내재된 편향이 AI에 그대로 전이된 전형적인 예시다.

따라서 청소년들에게 AI의 편향성에 대한 교육이 필요하다. 그들은 AI가 모든 데이터를 정확하게 반영하지 않을 수 있다는 점을 이해하고, AI를 비판적 시각으로 바라보는 능력을 기를 필요가 있다. 예를 들어 AI 채팅봇이나 추천 알고리즘을 사용할 때, 그 정보가 객관적이지 않을 수도 있음을 인지하고, 다양한 관점을 고려하는 태도를 기를 수 있어야 한다.

디지털 폭력과 사이버 괴롭힘

청소년들은 종종 소셜 미디어나 온라인 게임에서 발생하는 디지털 폭력과 사이버 괴롭힘의 피해자가 된다. AI가 적용된 소셜 미디어 플랫폼에서는 종종 인공지능 기반의 추천 시스템이 청소년들이 폭력적이거나 불쾌한 콘텐츠를 접하게 만들기도 한다. 이처럼 청소년들은 디지털 공간에서의 윤리적 행동에 대한 교육이 필요하다. 그들은 온라인에서 타인을 존중하고, 디지털 공간에서 발생할 수 있는 갈등을 해결하는 방법을 배워야 한다.

책임감 있는 디지털 시민을 위한 교육

부모와 교육기관은 청소년들이 AI와 디지털 기술을 올바르게 사용하는 데 중요한 역할을 한다. 부모는 디지털 윤리에 대한 기본적인 개념을 자녀에게 가르쳐야 하며, 자녀가 사용하는 디지털 기기와 플랫폼의 설정을 관리해 주어야 한다. 또한 부모는 자녀가 디지털 환경에서 겪을 수 있는 문제들에 대해 함께 대화하고, 그들이 책임감 있는 디지털 시민이 될 수 있도록 돕는 역할을 한다.

교육기관 역시 디지털 윤리 교육을 체계적으로 제공해야 한다. AI와 관련된 기술적 교육뿐만 아니라 윤리적 측면에 대한 교육을 병행해 학생들이 책임감 있는 기술 사용자가 될 수 있도록 해야 한다. 이는 단순히 기술을 사용하는 법을 가르치는 것뿐만 아니라, 기술이 사회에 미치는 영향에 대해서도 비판적 사고를 할 수 있는 능력을 기르는 데 중요한 역할을 한다.

디지털 기술과 AI는 이제 청소년들의 삶에서 필수적인 부분이 되었다. 그러나 이러한 기술을 올바르게 사용하지 않으면 편향된 정보, 프라이버시 침해, 디지털 폭력과 같은 윤리적 문제들이 발생할 수 있다. 부모와 교육기관은 청소년들이 책임감 있는 디지털 시민으로 성장할 수 있도록, AI와 디지털 윤리에 대한 교육을 강화해야 한다. 청소년들이 자신의 데이터 보호, AI 기술의 윤리적 사용, 온라인에서의 상호 존중을 이해하고 실천할 수 있도록 돕는 것은, 그들이 디지털 사회에서 긍정적인 영향을 미칠 수 있는 능력을 기르는 중요한 첫걸음이 될 것이다.

게임을 하기 위해 해킹하려는 아들

동재가 초등학교 5학년이 되었을 때 즈음, 내가 컴퓨터에 로그인하는 모습을 유심히 보더니 내가 암호를 걸어둔, 자신의 컴퓨터 로그인 패스워드를 풀어 보려는 시도를 했다. 대부분 일반적인 암호는 충분한 시간만 주어진다면 모두 대입이 가능하고, 특정 단어나 패턴이 유추 가능할 경우엔 더욱 취약해질 수 있다. 사실 아이의 컴퓨터 패스워드도 특수문자 2개와 숫자 4자리, 문자 4자리로 이루어져 있어 사전 공격에는 충분히 막을 수 있을 정도의 복잡성을 두었던 터였다.

비밀번호, PIN 번호, 암호화 키를 무작위로 계속해서 입력함으로써 해킹을 시도하는 공격 방식을 브루트 포스 공격이라 한다. 브루트 포스 공격자들은 비밀번호 대입에 소요되는 시간을 줄이기 위해 사전에 존재하는 단어를 우선 시도하는 이른바 '사전 공격'을 많이 수행한다.

인가되지 않은 사용자의 접근이 가능해질 수 있으므로 브루트 포스 공격에 대비한 암호 생성 및 공격 사전 차단이 필요하지만, 아이는 아직 브루트 포스를 시도할 만한 실력이 되지는 않아서 계속 사회공학적 해킹만 주기적으로 시도를 했다.

아이는 자신의 컴퓨터 비밀번호를 알아내기 위해서 여러 가지 시도를 했고, 나는 그냥 놔두고 있었다. 나는 아이에게 비밀번호가 10자리라는 걸 알려 주었다. 엄청나게 큰 힌트를 준 것이다. 아이는 아빠의 생일, 엄마의 생일, 자신의 태어난 시간, 엄마, 아빠의 영어 약자 등 암호를 유추해 보려고 계속 질문을 했다.

이러한 방법은 인간의 감정이나 인지적 특성을 이용해 표적의 보안 시스템을 무력화하는 비기술적인 방법으로, 시스템의 취약점을 공략하는 DDoS 공격과 같은 기술적인 해킹과는 구분이 된다. 아이의 수준에서 생각하고 추론해 볼 수 있는 다양한 기회들을 주고 시도해 볼 수 있도록 기회를 자주 주었다.

사이버 가디언스 보안 캠프 합격

정부에서는 미래의 IT 정보 전문가 꿈나무 육성을 위한 다양한 프로그램을 무료로 제공하고 있다. IT 진로 중에서도 아이에게 다양한 진로 탐색 경험을 경험하게 하려 노력했는데, 그중 정보보호전문가/화이트해커에 관련된 진로 프로그램인 '사이버 가디언즈 보안 캠프'가 있어서 아이에게 이 캠프를 추천해 주었다.

'사이버 가디언즈 보안 캠프'는 정보 보안 이론과 실습

체험으로, 정보 보호 꿈나무들을 육성하는 교육 프로그램이다. 이 프로그램은 중학생을 대상으로 사이버 보안과 정보 보호에 대한 관심과 흥미를 유발하고자 구성한 프로그램이라고 한다.

빅데이터, IoT 등 IT 중심의 시대에서 정보 보안의 중요성을 인식하고, 중학생들이 이에 관심을 가지게 해 미래의 정보보호 전문 인력으로 발돋움할 수 있도록 도와주는 입문의 장을 제공하고 있는 교육이라고 소개되었으며, 동재가 활동했을 당시에는 온라인으로 운영되었다.

청소년 개인정보보호 리더 1기로 네이버 · 넷마블 방문

2022년 개인정보위에서는 '청소년 개인정보 보호 리더'를 선발했는데, 개인 정보 보호에 관심이 많은 서울 · 경기 지역 중학생 10명, 고등학생 10명 등 총 15개 학교, 20명의 학생을 선발했다.

이 활동이 좋았던 것은 청소년 리더들이 여름 방학 기간을 활용, 청소년들의 활용 빈도가 높은 인터넷 포털(네이버 · 카카오)과 게임 업체(엔씨소프트 · 넷마블)를 방문해 산업 현장에서의 개인정보 보호 실태를 직접 확인하고, 개인정보 보호 책임자(CPO)를 만나 궁금증을 해소하는 시간을 가질 수 있다는 것이었다.

또한 아이는 개인 정보보호 위원회가 주관하는 '청소년 개인정보 보호 리더 양성 캠프'에 참여해 네이버, 엔씨소프트, 네이버, 넷마블, 판교 정보 보호 클러스터를 방문 견학해 CPO를 직접 만나기도 했다.

아들이 코딩뿐만 아니라 정보 보호도 익혀서 미래 인재로 거듭나기를 바라는 마음에서 이 시기에는 정보 보호 교육을 중점적으로 했다. '청소년 개인정보 보호 리더 양성 캠프'는 안타깝게도 1회를 끝으로 더 이상 개최되지 않는 것으로 알고 있다. 하지만 꼭 동일한 프로그램이 아니더라도 이런 종류의 정보 보호, 보안 캠프 등이 있다면 참여해 볼 것을 권유한다.

10
AI 시대 부모의 역할과 미래 설계

아이의 미래를 위한 길은 하나가 아니다. 국영수에 얽매이지 않고도 세상을 살아가는 기술을 배울 수 있는 다양한 기회들이 존재한다. 대안학교라는, 틀 밖에서의 도전은 불안과 기대를 동시에 동반했지만, 부모로서 아이에게 IT라는 강력한 도구를 쥐여 주고자 하는 마음이 가장 컸다. 부모는 단순한 조력자가 아니라, 아이의 성장 과정에서 동반자로서 역할을 수행해야 한다.

종교와 AI?

AI 시대, 부모의 역할이 달라진다

AI 기술이 발전함에 따라 교육의 형태와 아이들이 살아갈 미래의 환경이 빠르게 변화하고 있다. 과거에는 정형화된 교육 시스템 속에서 국영수 중심의 학습이 강조되었지만, 오늘날은 코딩, 데이터 분석, 인공지능 등 새로운 기술에 대한 학습이 필수 요소가 되어 가고 있다. 이러한 변화 속에서 부모의 역할 또한 달라져야 한다. 단순히 학교 교육을 지원하는 것을 넘어, 아이가 미래 사회에서 주도적인 역할을 할 수 있도록 적극적인 가이드가 되어야 한다.

부모는 AI 시대의 변화를 이해하고, 아이에게 필요한 교육을 스스로 설계할 수 있는 능력을 갖추어야 한다. 기존 교육 방식에서 벗어나, 아이가 자기 주도적으로 학습할 수 있도록 환경을 조성하고, 실무 경험을 쌓을 기회를 제공하는 것이 중요하다. 특히 프로그래밍, 데이터 과학, 머신러닝 등 AI 관련 기술을 익히는 것은 더 이상 특정 직군만을 위한 것이 아니라 다양한 분야에서 필수적으로 요구되는 능력이 되고 있다.

이러한 시대적 흐름 속에서 부모는 자녀가 단순히 AI 기술을 학습하는 것을 넘어서, 이를 실질적인 문제 해결 능력으로 연결할 수 있도록 돕는 것이 핵심 역할이 된다.

예를 들어, IT 분야에 관심 있는 아이가 단순한 코딩 학습을 넘어 프로젝트 기반 학습을 할 수 있도록 돕거나, 온라인 강의와 실제 프로젝트 경험을 연결해 주는 방식이 필요하다.

AI 시대의 미래 설계: 부모가 함께하는 교육

AI 시대의 교육은 더 이상 학교만의 몫이 아니다. 부모가 함께 참여하고, 실질적인 경험을 제공하는 것이 아이의 성장을 더욱 촉진할 수 있다. 예를 들어 부모가 아이와 함께 프로젝트를 진행하거나, IT 관련 교육 프로그램을 탐색해 아이에게 적합한 과정을 추천하는 것도 좋은 방법이다.

자녀의 성향과 관심사를 고려해 맞춤형 학습을 설계하는 것이 중요하다. 예를 들어 어떤 아이는 소프트웨어 개발에 관심을 가질 수 있고, 또 다른 아이는 데이터 분석이나 인공지능 모델 개발에 더 흥미를 느낄 수 있다. 따라서 부모는 아이의 흥미를 지속적으로 관찰하고, 그에 맞는 학습 경로를 함께 설계해야 한다.

또한 실무 경험을 제공하는 것이 AI 시대 교육의 중요한 요소다. 단순한 이론 학습을 넘어, 실제 프로젝트를 수행하거나, 외부의 멘토와 교류할 수 있도록 돕는 것이 필요하다. 예를 들어, 국비 지원 교육 프로그램을 활용하거나 온라인으로 제공되는 글로벌 AI 교육 과정에 참여하도록 유도하는 것이 좋은 방법이다.

부모는 단순한 조력자가 아니라, 아이의 성장 과정에서 동반자로서 역할을 수행해야 한다. 새로운 기술이 등장할 때마다 이를 함께 학습하고, 아이와 함께 미래를 설계하는 태도가 중요하다. 이를 통해 자녀가 변화하는 사회에서 주도적으로 자신의 길을 개척할 수 있는 힘을 기를 수 있도록 도와야 한다.

이제 부모가 생각하는 동재의 미래 계획을 알아보자.

대안학교 다니며 싱가포르 대학교 CIT 과정 공부하기

만 15세가 된 2024년부터 동재는 싱가폴의 한 사립대학교에서 대학 예비 과정(IT 전공)을 시작했고 2024년 7월에 그 과정을 무사히 졸업했다. 사실 고졸 검정고시에 합격해 굳이 대학 예비 과정인 CIT 코스를 듣지 않아도 되지만 아이가 아직 어리기도 하고 천천히 전공 공부를 시작하면 좋을 것 같아서 CIT 코스에 등록하게 되었다.

영어 성적과 일정 수준 이상의 고등학교 성적, 만 15세 이상의 연령이면 CIT(6개월 과정) 입학이 가능하다.

감사하게도 코로나 시절 도입된 E-Learning 코스가 있어서 해당 코스와 이후의 전문학사 과정인 디플로마 과정(만 16세 이상 입학 가능)은 한국에서도 온라인 학습이 가능하다. 그래서 대안학교 생활과 병행이 가능한 점이 참 좋았다.

싱가폴 사립대학 학제는 파운데이션, 디플로마 과정과 디그리 과정(만 18세 이상 입학 가능)을 다 합쳐서 대학교 졸업까지 3년 정도의 시간이 소요된다. 이처럼 빠른 졸업이 가능하다는 점에 이끌려 선택했다. 싱가폴 사립대학의 경우 영국이나 호주, 미국 싱가폴 분교 개념이라 본교 학위증을 발급받게 된다.

파운데이션, 디플로마 과정을 이수한 후 학사 과정인 디그리 과정에 입학할 수 있는데, 디그리 과정은 만 18세 이상부터 입학이 가능하므로 아직 만 15세인 동재에게는 2년 정도의 시간이 남아 있는 셈이다. 남은 기간 동안 IT 관련 다양한 교육을 받으며 본인만의 무언가를 만든다면 남들과는 다른 경쟁력을 가질 수 있지 않을까 싶다.

대안학교를 보내며 일반적인 길을 벗어나는 게 두렵고 걱정도 되었지만, 그나마 마음을 다잡을 수 있었던 것은 아이 아빠가 아이에게 알게 모르게 가르쳐 왔던 IT 관련 교육들이었던 것 같다.

기술을 가지면 무엇을 하든 먹고 살 수 있으리라 믿었고, 아이를 대안학교에 보내는 동안에도 꾸준히 아이에게 IT 관련 교육들을 접하게 하고 싱가폴 대학교 온라인 코스 등도 알아본 후 공부하게 했다. 그런 노력들이 아이의 삶에 큰 역할을 할 것이라는 믿음을 갖고 있다. 대안학교는 있어도 대안 사회는 없으니까.

대안학교 그만둔 후 계획: IT 국비 지원 학원 상담

7월까지만 대안학교를 다니고 그 후부터 본격적으로 코딩 공부를 시작하기로 한 아들. 우리 아이는 고등학교 검정고시를 치렀고 만 15세 이상의 실업자이기 때문에, 내일 배움 카드를 발급받을 수 있다.

내일 배움 카드는 희망자 대상으로 약 300만 원에 해당하는 취업 관련 교육을 지원하고 있으며, 코딩 교육의 경우 산대특, K-디지털 트레이닝 등 좀 더 비싸고 전문적인 교육도 지원해 준다. 또한 교육 기간 동안은 국민 취업 제도와 훈련 장려금 등도 지원해 주어 부담 없이 취업 준비에 몰입할 수 있다.

기본 훈련 수당은 매월 31만원 정도 제공되고 국민취업지원 제도라는 것이 있어 취업 상담을 받는 등 적극적으로 구직 활동을 하는 것으로 간주 된다면 소득 구간에 따라 28만원 혹은 50만원 정도의 지원금을 별도로 받을 수 있다.

교육기관도 매우 다양해서 신촌의 한 교육기관에 가서 상담을 받아 본 후 집 근처의 교육기관에서도 상담을 받아 보았다. 이루어지는 교육과정은 대개 비슷했는데, 우리가 알아본 교육은 자바 풀스텍 과정이라고 해서 프로그래밍 전반적인 것에 대해 기초부터 프로젝트 작업까지 약 6~7개월 동안에 걸쳐서 공부하는 과정이었다. 주 5일 동안 하루 8시간 정도 공부하는 커리큘럼이었다.

아무것도 모르면 본 과정을 따라가기 어려울 것 같고, 동재처럼 기본적인 프로그래밍과 코딩 등에 대한 베이스가 있으면 교육받는 것이 가능하다. 대개 프로그래밍 실력이나 능력 등에 대해 묻는 간단한 면접 후 교육을 받게 된다.

단독으로 사전 교육을 받거나 면접을 본 적도 있고 다른 사람들과 함께 사전 교육을 받을 적도 있었다. 지방에서 올라온 대학생, 고졸 검정고시를 치른 후 결과를 기다리고 있다는 18세 학생 등도 있었지만 대부분은 대학을 졸업한 20대 후반에서 30대 초반까지의 연령대가 많은 편이었다.

우리 아이의 경우 미성년자라 우리 부부도 교육기관의 원장님을 따로 만나 뵈었는데, 원장님 따님도 내일 배움 카드에 있는 교육 과정을 통해서 네일아트와 미용 쪽 공부를 하고 취업을 했다고 이야기해 주셨다.

아무래도 같이 공부하는 분들이 20대 후반에서 30대 초반이라 아이가 잘 적응할지를 걱정하셨고, 동재가 미필이니 병역 특례 위주의 취업을 알아보자는 이야기를 하셨다.

이 과정을 공부한 후 취업이 되면 좋겠지만 2025년에도 동재는 18세 미성년자라 취업은 좀 어렵지 싶다. 싱가폴 대학 디플로마 코스는 한국에서 온라인으로 9개월 정도 진행하면 되고, 이후에 학사 학위를 받는 정식 과정 입학은 만 18세 이상만 가능해서 우리 아이의 경우 만 18세가 되는 2026년까지는 시간적 여유가 있다.

그때까지 다양한 실무 경험을 쌓게 하고 가능하면 취업 등도 시켜 보고 싶다는 생각이 들었다. 결국 어떤 프로젝트를 수행해 봤느냐에 따라 대학 졸업 후 본격적으로 취업할 수 있는 곳이 달라지기 때문이다.

이번에 알아본 자바 풀스텍 과정은 기초적인 개발 과정이라 이후에 머신러닝 전문 교육 과정인 이어드림 스쿨이나 다양한 프로젝트를 경험할 수 있는 SW 마에스트로 과정 등의 지원도 염두에 두고 있다. 남들이 국영수 공부하는 시간에 기술을 열심히 익혀서 본인만의 포트폴리오를 만든다면, 일반 고등학교를 졸업한 아이들과 차별화된 또 하나의 무기를 장착하는 셈이니 잘 적응해 주길 바랄 뿐이다.

작은 불빛이 밤하늘을 밝히는 별이 되다

AI 응용 개발자 양성 과정에 지원하며, 서울시의 웹 개발자 과정을 수료한 후 두 번째 면접 기회를 맞이한 동재는 머리도 깔끔하게 자르고, 단정한 옷을 입고 혼자 면접을 보러 혜화에 갔다. 면접을 준비하면서 저자와 면접 연습을 했고, 그 연습을 기반으로 자신감을 얻어 면접에 임했다. 면접관의 날선 질문에 당황하기도 했지만, 결국 이를 극복하며 면접을 마쳤다. 비록 결과는 미흡할지라도, 동재는 자기 스스로 면접을 준비하고, 경험을 쌓으며 성장하는 과정을 거쳤다. 그 자체로 AI 시대의 교육이 무엇을 의미하는지 깨닫게 되는 순간이었다.

면접 준비, 자기주도적 학습, 가족의 지원은 모두 AI 시대의 미래 교육을 형성하는 중요한 요소다. 부모인 엄마와 아빠는 동재가 처음으로 경험하는 취업 면접에 대해 함께 면접 연습을 해 주었다. 부모의 참여와 지원은 자녀에게 중요한 자신감을 불어넣고, 현실적인 면접 상황에서의 어려움을 극복하도록 돕는다. 동재는 부모의 지원을 받으며, 자신만의 방법으로 면접을 준비하고, AI 분야의 전문가로서 첫 발을 내딛었다.

이러한 가족의 협력과 AI 기술의 활용이 결합된 교육은 AI 시대의 미래 교육이 어떻게 이루어져야 하는지를 잘 보여 준다. AI와 기술을 배우는 것뿐만 아니라, 이를 실제 사회와 직업에 적용하는 과정에서 부모의 참여와 격려는 무엇보다 중요한 자산이 된다. 동재가 경험한 첫 면접은 그가 AI와 관련된 직업에 대해 진지하게 준비하고 있다는 증거이며, 앞으로의 경로에 대한 중요한 기초가 될 것이다.

이러한 이야기가 담긴 우리의 책이 반짝이는 별처럼 빛나며 다른 사람들의 밤하늘을 밝히는 별이 되면 좋겠다. 부모와 자녀가 AI 교육을 함께 경험하며 성장하는 과정은 우리 사회의 미래 교육을 위한 중요한 이야기이기 때문이다. 이 교육 방식이 세상의 변화를 이끌어 가는 중요한 밑거름이 될 것이며, 그것이 바로 AI 시대를 준비하는 진정한 방법이라 생각한다.

백남정

25년의 IT 개발과 개인정보 보호 경력을 가진 한국 열린사이버대학교 인공지능융합학과 객원교수다. 숭실대학교에서 정보보호관리체계 연구로 공학 박사학위를 받았다. 한국 창의재단 공통수학2 AI 디지털교과서 검정위원과 디지털기술융합협회 회장으로 활동 중이다. 부산교육대학교의 미래형 학습 생태계를 위한 "초등학교 서술형 평가문항인공지능자동 채점 서비스 개발 및 적용" 과제를 수행하고 있다. 주요 저서로는 인공지능 관련 저서 『AI시각화』(2025), 『미래의 직업, 프롬프트 엔지니어』(2023),『내 인생을 바꾸어줄 챗GPT 활용가이드』(2023) 등이 있으며 그 외에도 『디지털 부자가 꼭 알아야 할 NFT』(2022), 『초등학생부터 시작하는 주식 투자』(2021) 등이 있다. 방송통신전파진흥원, 콘텐츠진흥원, 인터넷진흥원 평가위원과 ISMS-P 인증심사원, 개인정보영향평가 자격, CPPG(개인정보관리사) 자격을 보유하고 있다.

백동재

2008년생 AI 머신러닝 개발자로 깃허브(VectorSophie)를 운영하고 있다. 여행 대안학교 '샨티'에서 산티아고 순례길을 걸으며 소설가를 꿈꾸었다. 현재 중졸 · 고졸 검정고시를 통과하고 독학사를 준비하며 중진공의 스타트업 AI 기술 인력양성 이어드림 스쿨 5기를 다니고 있다. 정보처리기능사, KT AICE BASIC, ADSP 자격을 보유했다. 듀오링고 영어 점수 135점으로, 그 외에도 스페인어와 아랍어를 스스로 공부하고 있다. 머신러닝 깃허브를 기반으로 AI 엔지니어를 꿈꾸고 있다. 주요 저서로 『초등학생부터 시작하는 주식 투자』(2021), 아마존에 올라간 『Korean Fairy Tale Tiger and Friends: 한국 동화 호랑이와 친구들 Kindle Edition』이 있다.